仏教と気づき

〈悟り〉がわかるオムニバス仏教講座

Buddhism and Awakening

ケネス田中［編著］
西本照真
石上和敬
佐藤裕之
小山一行

武蔵野大学出版会

はじめに

ケネス田中

「仏教の根幹とは何か？」

そう問えば、多くの仏教学者や僧侶は、「目覚め」「悟り」「解脱」「涅槃」という答えを挙げることでしょう。

ところが、一般の人にとっては、それらはあまりにも高い境地のために「自分たちには関係がない」と思ってしまうのではないでしょうか。そこで、それらを「気づき」と表現することにしました。それにより多くの人々に、「自分も日常生活の中で体験できるかもしれない」と感じてもらえるのではないかと思いました。

そしてそこから、「仏教と気づき」をテーマにしたオムニバス仏教講座が生まれました。

仏教は、「気づきの宗教」であり「信じる宗教」ではありません。それは、仏教の開祖が「目覚めた者・気づいた者」(Buddha・仏陀) であったことからも明らかです。仏教は、真摯な求道の結果、心身を通して真実に気づく、体験に基づく「気づきの宗教」なのです。

一方、「信じる宗教」とは、日常の感覚では不確実な存在を信じ込み、それを「仏」や「神」などと呼んで、頼みごとをする宗教的営みを指します。残念ながら現在の日本人は、仏教を「信じる宗教」だと誤解している人が大変多いようです。そのことについては、毎年、初詣で寺院を訪れる何千万もの人々の多くは、超越した仏様へ向かって「健康」「合格」「繁栄」などを祈願している光景からもおわかりいただけるかと思います。

このような誤解を少しでも減らし、仏教の本質が「気づき」であることを、より多くの方に知ってもらいたいと思います。

本書の著者は、仏教学・印度哲学の専門家であり、仏教科目を担当する武蔵野大学の教授陣です。今回講座をお願いした五名には、独自の視点より、「何に気づき」、また「どのように気づくか」について説明していただきました。

第一章では、西本照真先生の専門分野である古代中国の三階教に基づき、「ありのままの私」「等身大の私」に気づくことの大切さが語られています。そこでは、「壁のない（風穴の開いた）無我なる私」といった興味深い表現が用いられています。この春、武蔵野大学の新学長として就任された、西本先生の仏教観の一角を窺い知ることができる講座です。

石上和敬先生の第二章では、「ご縁」についての解説がなされています。「ご縁」もよく誤解される言葉ですが、もともとは、仏教の本質を指す「縁起」に由来しています。「インドラ神の網」

などで説明された相互依存を理解することによって、日常生活が「柔らかなあり方として存在している」と気づけるようになるのです。また、「死者というご縁」という解説も、石上先生ならではの観点でしょう。

第三章では佐藤裕之先生が、「仏教の悟り（気づき）は永遠なもの」という視点から解説をされています。仏教では、「法」と「諦」という真理に目覚めることが必要です。そして、真理を仏陀の生涯で考えるならば、それは、悟りの内容である「縁起」であり、最初の説法の内容である「四諦」となるのです。そして、この「悟り」「解脱」を永遠性という視点から見れば、「すでに悟っているということに気づくこと」こそが大切であるとしています。

小山一行先生は第四章において、「仏」というものが、天地創造の神（God）でもなければ、商売繁盛を司る神でもなく、「目覚めたお方」であり、「私たちも同じように目覚めることができる」と解説されています。その「目覚め」とは、「智慧」であり、「今まで見えていなかったものが見えるようになる深い気づき」のことを指すのです。親鸞が重視した信心も、この「智慧」を本質としています。

最後の第五章では、アメリカに伝わる『溺れる船乗り』という喩え話を中心とし、「気づき」の一面に言及します。「乗船」「落船」「求泳」「放浮」「歓喜」「楽泳」「解脱」という七つの場面を、中国の善導大師が採用した「変相」を借りて、『七変相図』と呼ぶことにしました。中でも「放浮」の場面では、親鸞教学においての、「自力から他力へ移行する信心」という「大きな気づき」に匹敵するものでしょう。

本書はこのような五つの視点で、仏教の根幹である「気づき」について解説しています。どの講座もみなさんを「気づき」に導くためのヒントに溢れていると自信を持っております。

本書がみなさまの「気づき」のお手伝いとなることが、われわれ執筆者の願いであり、大きな喜びでもあります。

2016年6月

編著者・ケネス田中

目次

仏教と気づき――「悟り」がわかるオムニバス仏教講座

装丁・本文デザイン 田中眞一
本文イラスト 垂井ひろし
編集 斎藤 晃(武蔵野大学出版会)

Buddhism
and
Awakening

［オムニバス仏教講座］
仏教と気づき

I

等身大の私への気づき

Nishimoto Teruma
西本照真

私たちは、自己愛のために、自己を肥大化させたり、矮小化《わいしょうか》させたりして、かえって自らを苦しめてしまうことがあります。

等身大の自分をそのまま受け入れることができれば、どんなに心安らかなことでしょう。

ありのままの自分にどのように気づいていくか、浄土教や三階教《さんがいきょう》のアプローチの方法をもとに考えてみましょう。

「ありのままに」が流行る時代

■「爪立つ者は立たず」

身長を大きく見せようとしてつま先立ってみると、自分としては、多少大きくなった感じがしますが、周りの人にとってはそれほどたいした違いではありません。

自分を大きく見せようとか、カッコよく見せようとか、いろいろ努力している人もいますが、無理して背伸びをしても、どうせ似たようなものなのです。

中国の老子の言葉に、「爪立《つまだ》つ者は立たず」というものがあります。

「つま先立っている人は、ずっと立ち続けることはできない」

ということです。また、

「跨《また》ぐ者は行かず」

という言葉もあります。

「大股でどんどん先へ歩いて行こうと思うと、そのうち疲れてくる。むしろきちんと一歩一歩、自分の歩幅に合った形で歩んでいくのが、いちばん確実な生き方である」

ということです。

私も若いころは、「学生の前でカッコいい講義をしよう」と思っていろいろ悩んだのですが、結局、「なるようにしかならない」とわかって、だいぶ気が楽になったことがあります。

■「ありのまま」に生きることの難しさ

『アナと雪の女王』という映画をご覧になりましたか？

この映画は、日本で一九五〇万人も劇場に足を運んだそうです。つまり、日本人の五人に一人は観に行ったことになるほど、人気があった映画のようです。一時期、毎日のようにテレビで映画の宣伝をしていましたので、あの主題歌をみなさんも耳にしたことがあると思います。

「ありのままの姿を見せて、ありのままの自分になる」

そんな歌詞の主題歌です。

なぜあの歌が流行ったのでしょう？

それは、「ありのままに生きられない人が多い」ということが理由ではないかと思います。

「ありのままに生きる」ということは、なかなか難しいことです。世の中の人々は、ありのままではない、どちらかというと、だいぶ無理をした生き方をしています。つま先立てて、先を急いでばかりです。途中で息が切れても、なかなか休むこともままならないのではないでしょうか？

「ありのままに生きるような生き方がしたい！」

そんな希望を、知らず知らずのうちに、胸の奥のほうに抱いているのだと思います。

なかには、

「いえ、私はありのままに生きています」

とおっしゃる方もいるかもしれません。もし、その通りだとしたら、それはたいへんけっこうなことですが、その「ありのまま」は、本来の「ありのまま」ではなくて、「好き放題、したい放題」の、ただの「わがまま」ではありませんか？

「ありのまま」というのは、そんなに簡単なことではありません。「ありのまま」というのは、「自分の等身大」ということです。

「等身大で、ありのまま」

人はそのままを受け入れられて、そのままで生きていくことができないものなのでしょうか？

■閉じた自己

私たちは、「ああなりたい」「こうなりたい」「ああはなりたくない」「こうはなりたくない」と、いろいろ計らって生きています。それが夢や希望、または欲である場合もあるでしょうし、恐怖、恐れの場合もあります。

「就職できなかったらどうしよう？」
「会社でうまくいかなくなったらどうしよう？」
「老後の生活はどうしよう？」
「貯金がなくなったらどうしよう……？」

恐れたり、求めたり、忙しいものです。「ありのまま、等身大」どころではありません。「ありのままの、等身大の自分」をどこかに置き忘れてしまい、目の前のことで精いっぱいです。

そのままでは生きることが苦しくなるばかりで、次第に自分が閉じていきます。

これが小さく閉じていった場合には、どんどんどんどん小さくなって、「自分なんてどうでもいいや……」と、自分のことを「取るに足りない存在」だと矮小化してしまいます。

また逆に、自分が大きく肥大化していく場合もあります。自己が肥大化し、背伸びをし、欲がふくらんで、次第に他者の領域にまで入り込んでいく場合です。他者を利用しようとしたり、欲求を押しつけようとしたりします。部下を不当にこき使ったり、お店で過剰にサービスを要求したりするのです。

これは他者を貶《おとし》めているわけですが、同時に、実は本人も苦しいのです。

なぜ、ありのままに生きることができないのでしょうか？

誰が悪いのでもありません。自分が悪いのです。自分自身が、ありのままの自分を置き去りにして、周りに壁をつくっているのです。

自分の世界が閉じているから、ありのままに生きられないのです。

■「ありのまま」とは「無我なる私」

「ありのまま」、そして「等身大」とはどういうことなのでしょう？

いま存在しているこの自分が、「私の偽らざる姿」です。そのことに気がつくことこそが、「無我」に目覚めるということなのです。「あるがままに、等身大に生きる」ということは、「無我なる私」を生きるということなのです。

もう少しわかりやすくご説明してみましょう。

私たちはふだん、「こんな私がここにいる」という自分自身のイメージを持っています。そしてそのイメージこそが実態だと思っています。ところが、それが間違いなのです。あなたがイメージしている「私」は実在していません。

「そんなことをいわれても、今、現実に『私』が存在しているじゃないか！」

そう思われるかもしれませんが、あなたがイメージしている「私」は、そのイメージのまま実在しているのではなく、常に変化をしています。

あなたは、「常にカッチリと固定した状態」で存在しているわけではないのです。

「固定的な実態はどこにも存在しない」

というのがお釈迦さまが掲げられた「諸法無我」ということで、「すべては縁《えん》によって、常に変化している」という意味になります。

「こんな私がここにいる」というように、固定された壁に囲まれたような「私」が実在しているように思えますが、実はその壁にはすべてに風穴《かざあな》が開いているのです。「ほかの人たちや、周りの世界との出入りが自由な『私』という存在」があるのです。

「本当の私」とは、このようなことをいうのです。それなのに、私たちはいつも、風穴の開いた壁を、「閉じよう、閉じよう」として、「間違った『私』の中」に、入り込もうとしているのです。

この壁がない状態を、「無我」と言い換えてもいいでしょう。

「ありのままの私」「等身大の私」というのは、「壁のない(風穴の開いた)、無我なる私」のことなのです。

そして「無我なる私」とは、「風穴の向こうの、ほかの人たちとの関係性や、環境世界との関係性に支えられて、存在する自分」ということになります。

●――『観無量寿経』の韋提希夫人

■韋提希夫人の悲劇

無我なる「本当の私」に目覚めず、周りに間違った壁をつくって、自己を閉じてしまう。そして、その自己が肥大化して、他人を貶《おとし》めてしまう……。この世ではそんな悲劇がたくさん起きています。

昔のお経の中から、そんなお話をご紹介しましょう。

『観無量寿経《かんむりょうじゅきょう》』の中に、「韋提希夫人《いだいけふじん》」という女性の物語が伝えられています。

お釈迦さまが生きていらした時代のお話です。インドのマガダという国に、仏教教団を篤《あつ》く保護していた「頻婆娑羅《ビンビサーラ》」という王様がいました。そのお后《きさき》が韋提希夫人です。

この王様とお后には、なかなか子どもができませんでした。

「早く子どもが欲しい、欲しい」と願っていたのですが、何年経《た》ってもできません。待ちくたびれてしまった二人は、ある日、占い師に見てもらいました。

すると占い師は、

「大丈夫。あと三年経ったら、立派な赤ちゃんが生まれますよ。現在、ヒマラヤの山奥に住んでいる仙人が、生まれ代わってあなた方の子どもになります」

と告げました。つまり、そのヒマラヤの仙人が亡くなったら、その魂が転生《てんせい》して、王様とお后の子どもとして生まれてくるという答えだったのです。

ところが王様もお后も、さらにあと三年も待つことがどうしてもできずに、とんでもないことを思いつきました。

「その仙人が亡くならなければウチの子どもが生まれないのなら、さっさと仙人を殺してしまえ！　そうすれば、ウチの子どもがもっと早く生まれるに違いない！」

そこで家来に、ヒマラヤの山奥の仙人を探すように命じました。家来がその仙人を見つけ出し、殺そうとしたところ、「なんてバカなことを！　怨《うら》んでやるからな！」と仙人は王様に呪いをかけながら死んでいったそうです。

仙人が亡くなると、占い通り、まもなく韋提希夫人は身ごもります。そして立派な男の子が生まれました。名前は阿闍世《アジャセ》といいました。

ところが子どもが生まれたとたん、王様はどんどん怖くなっていきます。その子は生まれる前から、自分たちに怨みを抱いてこの世に生まれてきたのです。やがて大きく成長したら、自分の命が狙われるかもしれません。王様とお后は思いあまって、生まれたばかりの阿闍世を殺そうとしました。王宮の高い楼閣から、阿闍世を投げ捨てたのです。

ところが不思議なことに、阿闍世は小指を一本折っただけで、命は助かりました。この奇跡により両親は自分たちの行いを悔い改めて、彼を育てることにしました。

その後、阿闍世は立派に成長していきます。

あるとき、阿闍世は提婆達多《ダイバダッタ》という若者と出会いました。この提婆達多は、お釈迦さまの従兄弟にあたるのですが、仏教教団を乗っ取ろうと計画していたような男でした。この提婆達多が、阿闍世の宿命を知り、それを本人に教えたのです。

「お前がその命を授かる前は仙人だったんだ。前世は仙人なんだよ。でも、お前の父親に殺されてしまった。しかもお前が生まれてから、呪いを恐れた父親はお前も殺そうとした。父親がいつまたお前を殺そうとするか、わかったもんじゃないぞ」

この事実に、阿闍世はたいへんショックを受けました。そして父親を激しく怨み、とうとう父親の頻婆娑羅王を幽閉して殺してしまいます。

王が亡くなり、絶望した韋提希夫人は、お釈迦さまに会いに行きました。そして、お釈迦さまにこんなことをいったのです。

「我、むかし、なんの罪ありてか、この悪子《あくし》を生める。世尊もまた、なんらの因縁ありてか、提婆達多とともに眷属《けんぞく》たる」

「私にどんな罪があって、こんなに出来の悪い、救いようのない、愛する主人を亡き者にしてしまうような息子ができたのでしょう。私の何がいけないのでしょう！」

さらに、

「お釈迦さまもお釈迦さまです。私の息子をそそのかして、悪の道に走らせるような提婆達多が、なぜあなたの従兄弟なんですか！」

ほとんど八つ当たりです。この言葉に見えてくるのは、自分が被害者意識の中に閉じてしまっていることです。もともとの原因は、自分が仙人を殺したことにあります。それが回り回って、このような悲劇が起こったのです。ところが彼女からすると、

「正しいのは自分」

「悪いのはすべて他人」

といった構造となっているようです。

◉——三階教開祖、信行の見た現実

韋提希夫人のように、自我の計らいに取りつかれた人間には、「本当の私」など、とうてい実現できるはずがありません。彼女のように深い苦しみの世界を生きていくことになります。

本当は、他者や環境との関係の中にこそ、「縁によって常に変化する『自由な私』」が存在しているのです。ところが、これを悟るのは容易なことではありません。他者と自分との違いを乗り越えることも必要になってきます。

■肥大化する閉じた自己

ここでもう一つのお話をご紹介しましょう。

厳しい修行をしている仏教徒でさえ、「自己の枠《わく》を超えて、自分も他人も同じように見る」ということがいかに難しいことか、というお話です。

中国仏教に、三階教《さんがいきょう》というものがあります。この三階教の開祖は信行《しんぎょう》という人ですが、彼は自分の綴った文章の中で次のようにまとめています。

「経文の中に、『信が具《そな》わっていない者を一闡提《いっせんだい》と名づける』という」

一闡提とは、断善根《だんぜんこん》ともいいます。

「善が育つための根元が断ち切られているために、どんなに努力をしても救われない」ということです。根がないので善の芽が出ようがないのです。

「この経典に書かれていることを信じないならば、一闡提で、救いようがない」ということが、「涅槃経」に書かれています。そして信行はこう述べています。

「二〇歳から大乗経を聞きはじめ、五四歳に至っている。見てきたのは、利根の道俗で仏法を解釈する者で、『大般涅槃経《だいはつねはんぎょう》』に説かれる最大多善を信じ、自分から『私は涅槃を信じている、私は仏性《ぶっしょう》を信じている。だから一闡提ではない』という者だけであった」

「私は二〇歳のころから大乗の経典を聞きはじめて、今、五四歳になったが、その間に仏教教団の中で、いろいろな人たちを見聞きしてきた」

「利根の道俗」とは、「利」、つまり、「きちんと仏教を理解する力を持っているように見える人」のことを指しますが、その人たちは、

「私は涅槃を信じている。私は仏性を信じている。だから一闡提ではない」

という人ばかりであったといっています。『涅槃経』では、すべての人は仏になる可能性、つまり、「仏性」を持っていると説かれていますが、みんなそこにばかり着目して、

「『涅槃経』には『みんなが仏になれる』と書かれてあるから、自分も仏になれる」

と、その部分にばかりに注目していて、「断善根」「一闡提」のことが、都合よく抜け落ちているのです。そのうえさらに、

「私には『涅槃経』に説かれているような仏性があるから、私は素晴らしいのだ」

と、厳しい修行をしているはずのお坊さんたちでさえ、自己が閉じて肥大化していくような人たちばかりだったようです。

「ただ一人も、利根の道俗で仏法を解釈する者で、『大般涅槃経』に説かれる最大多悪を信じ、自分から『私は一闡提《いっせんだい》である』という者を見たことがない。（経文に説かれる）一闡提の多少の分量をもって、こ（の状況）を検討すると、まさに『信不具足』であるから一闡提と名づけ、（それは）十方《じっぽう》世界のすべての地面の土のごとく（多数）である」

『涅槃経』には「仏性」だけではなく、救われる可能性のない「一闡提」「断善根」も説かれています。ところが、みんな「仏性」の話ばかりに目がいき、「一闡提」「断善根」のような都合の悪い話は、まったく耳に入っていません。誰かほかの、自分とは関係のない人のことだと思っているのです。

「『涅槃経』で説かれている、一闡提（救いようのない最大多悪の存在）こそ、まさにこの私だ、という者がまったくいない」

信行はそのことを嘆《なげ》き、怒っているのです。

『涅槃経』には、「一闡提の救われる可能性のない人たち」と、「仏性によって救われる可能性のある人たち」を比べると、「手のひらにのせた土と、足もとに踏みつけられている大地の土と、そのぐらい違うのだ」と説かれています。

つまり信行は、「世の中はほとんど一闡提の人間ばかり」と嘆いているのです。

三階教における非人称性へのアプローチ

■人称性を超えていく

自己を覆っている壁を越えた、他者や環境との関係性の中に、「本当の、ありのままの、等身大の自分があり、それこそが『無我なる私』である」というご説明をしました。このことを、さらに説明をしてみたいと思います。

私たちは、それぞれが勝手に、一人称で「私」とか、二人称で「あなた」とか、三人称で「彼」「彼女」とか、あるいは「それ」とか「あれ」などといっています。

この中でいちばん大切なのは、やはり「私」だと思います（「私」を通り越して、「あなたがいちばん大切」という、美しい愛の姿もあるのかもしれませんが……）。

仏教というものは、「縁起の思想の発展の歴史である」といわれています。

「人間は縁によって生じている。そして縁によって常に変化している。けっして壁で囲った閉じられた存在ではない。ましてや、『自分』『他人』などのワクにとどまるものではない」としています。本当の私たちは、自分でもなければ、他人でもありません。関係性の中に「本当の私」がいるのです。

言い方を変えると、仏教の最終的な目的は、「私」や「あなた」を超えた、「人称性を超えていくことである」といってもいいように思います。

つまり、自己に対する囚《とら》われから解放されて、自他共に区別のない生き方へと、自分自身が開けていくような状態です。こういった人称性を超えたところに見えてくるもの、気づかされてくるものが、「ありのままの私」であり、「等身大の私」であり、「無我なる私」ではないかと思うのです。

「いかに人称性を超えていくか」ということが仏教のテーマであるとして、そのことを浄土教や、三階教から導き出そうというのが、私の仏教に対する問題意識でもあります。

■三階教とは何か

そこでまずは、三階教からご説明したいと思います。

先ほど信行というお坊さんについて触れましたが、信行は南北朝時代末期（六世紀の後半）から、中国で活躍した仏教者です（五四〇〜五九四年）。この信行が開祖とされている、中国の仏教流派の一つが三階教です。この三階教は、「末法思想」、そして「如来蔵・仏性《ぶっしょう》思想」に基づいています。「如来蔵・仏性思想」とは、「すべての人が仏性を持っている（仏になる可能性、如来の胎児が宿っている）」ということです。

また、中心となる教義は、「普敬《ふけい》（他者を敬う）」と、「認悪《にんあく》（自己の悪を見つめる）」の実践です。

ここで、この「普敬」の中に自分は入りません。敬う対象となっているのは、すべて他者であって、自分は入らないのです。また、逆に、「認悪」の中には他者は入りません。他人の悪は見ずに、自らの悪だけを見つめていくのです。善の認識と、悪の認識を明確に線引きをして、「他者には善のみを見よう」「自己の悪のみを見よう」ということを実践するのです。

『法華経』に常不軽菩薩《じょうふきょうぼさつ》というお方の話が紹介されていますが、その菩薩は町に出て、行き交う人々の一人ひとりに合掌し、

「私はあなたを深く敬います、なぜならあなたは仏となっていく身ですから」

と、人々を敬って歩いたそうです。

三階教ではその常不軽菩薩の行いを取り入れて、中国の長安の町の中で、行き交う人たちに礼拝《らいはい》して歩いたといいます。

「なんでお前が、オレが将来、仏になるかどうかがわかるんだ！」

礼拝された方はそう思ったに違いありません。礼拝するその姿は、周囲にはかなり奇異に映ったのではないでしょうか。

次に「頭陀乞食《ずだこつじき》」を実践します。

「頭陀行」とは、墓場で寝たり、ぼろ切れをまとって生活したり、、食べ物を布施していただくような苦行です。

さらに、「身・命・財」の、自分の持てるすべてのものを捨てて布施をします。恵まれない人や、ボロボロになったお寺や経典などを修復するために、身体と命を捧げ、なけなしのお金を捧げるのです。

三階教とはそんな教義だったのですが、結局は異端扱いされてしまい、六〇〇年以降、五回にわたって国家から弾圧をされ、最終的にはいつのまにか滅んでいきました。

浄土宗や、華厳宗、天台宗など、中国で盛んになった宗派はすべて日本に伝わっているのですが、三階教だけは伝わっていないのです。

■三階教思想の基本的枠組み

三階教は「如来蔵・仏性思想」を基盤とし、時代を三つに区分けして、それぞれ三段階の仏法のあり方を提唱しています。

まず第一階の時代は、お釈迦さまが教えを説いていた時代です。お釈迦さまが生きていた時代ですから、いい時代だったに違いありません。ところが仏さまが亡くなられて、だんだん時代が下っていくと、人々の素質能力も状況も、「悪化していく」とされました。信行の生きていた当時は、第三階の時代であるとしています。

［情勢］		［仏法］	［実践者］
第一階の時代	好世界・好時・好衆生	第一階仏法	一乗根機菩薩
第二階の時代	悪世界・悪事好時・不定衆生	第二階仏法	三乗根機衆生
第三階の時代	悪世界・悪時・悪衆生	第三階仏法	空見有見衆生

第三階の世界は、「悪世界・悪事・悪衆生」という情勢であり、そのときに実践すべき仏法は、「第三階にふさわしい仏法」とし、そこに生きる仏道実践者を「空見有見衆生《くうけんうけんしゅじょう》」と呼んでいます。

この空見有見とは、先ほどご説明した一闡提《いっせんだい》（断善根）のことで、「空見の衆生」と「有見の衆生」がありますが、どちらも、「悟りの可能性が断ち切られた、救いようのない人たち」のことです。

「空見の衆生」とは、「如来蔵や仏性というものを信じずに否定する」という人たちで、特に他者の存在（如来蔵・仏性）を否定して、どこまでも貶《おとし》めていこうと考える人たちです。

「有見の衆生」とは、「有所得」ともいい、「悟りを開いている自分が偉い」という人たちで、どんどん思い上がっていくので「増上慢《ぞうじょうまん》」ともいいます。

信行は当時の状況を、「空見・有見の人たちしか、この第三階の時代にはいない」と考えたようです。これを「末法思想《まっぽうしそう》」といいます。

■自分は悪人、他人は善人

ではこの「空見有見の衆生」がどのようにすれば、人称性を超えて、この「ありのままの私」になることができるのでしょうか？

三階教では、「普敬」と「認悪」が必要であると考えました。信行は、「他者の善を見つめ敬い、自己の悪を見つめていくことの実践しかない」と考えたのです。そしてそのためには、「他者と自己を厳しく区別していかなければならない」と考えたのです。

「一人一行《いちにんいちぎょう》である。一人とは、自身だけが悪人であるということである。一行とは、『法華経』に説かれるごとくである。常不軽菩薩はただ（礼拝讃歎の）一行のみを行い、自分以外に対してひたすら敬って如来蔵・仏性・当来仏《とうらいぶつ》・仏想仏《ぶっそうぶつ》などであるとするから一行というのである」

ここでの「如来蔵」というのは、「それぞれの存在の中に、如来の胎児、如来に成長する赤ちゃんが宿っているので、その胎児を育てていけば、仏へと向かっていける」ということです。「仏性」というのも、仏になっていく可能性をいいます。「当来仏」の「当来」とは、「未来」ということですから、「将来的に仏になっていく存在」ということです。最後の「仏想仏」というのは、「目の前の現れている姿そのものが、もうすでに仏であるとして敬う」ということです。

このように、「仏として、その姿形を敬って、礼拝していこう」というのが、「一人一行《いちにんいちぎょう》」の「一行」です。

また、「一人」というのは、「自分の中に悪を認識していく」ということです。

つまり、「一人」というのは「自分への悪認識」で、「一行」というのは「他者への善認識」ということになります。

私が授業で学生にそのような説明をすると、

「相手に対してはいいところだけを見て、自分のいいところを見てはいけないなんて、そんな不公平なことないですよね！」

と不満を言われることがあります。信行の時代にもそう思う者がいたようで、このような問答があります。

「問う。他の善を敬うのであれば自らに善を見ることができるのか。自身に悪を見るのであれば他に悪を見ることができるのか。

答える。そのようにすべきではない。自他は対立するものであるから。自らに徹底して悪を見れば、他に善を見ることが徹底する。自他共に善を見れば、自らに悪を見ることが徹底しない。自他共に悪を見れば、他の善を敬うことが徹底しない。例えば、両国が互いに戦えば、必ず区別して、自国の軍衆は黄色を着、他国の軍衆は赤色を着る。国々の軍衆に別の記識《しるし》があるから、戦闘で兵力を用いればすぐにみな勝劣があらわれるのである。両国の軍衆が相貌を同じくして区別なく、自国の軍衆が半黄半赤を着て、他国の軍衆もまた半黄半赤を着れば、戦闘にならない。彼此《ひし》共に同じであるからである」（「対根起行法」）

信行は、「自分も他人も善だけを見ていると、自分の悪を見ることができず、自分も他人も悪だけを見ていると、他人の善を見ることができない」としています。

「二つの国が戦っていたときに、両方とも半分黄色で半分赤い軍服を着ていたら、敵味方の見分けがつかないでしょう」と説明しています。
「ありのままの自分になる」という修行をするためには、まずその区別を厳しく行う必要があるということなのです。

■死人仏法――ダイレクトに人称性を超えていく方法

三階教では、さらに「死人仏法」というものが説かれます。

「何を要事とするか。一には、眼はいかなる時も人の是《ぜ》を見、人の非を見、人の長を見、人の短を見、人の善を見、人の悪を見てはならない。邪正、真偽、大小についてもまた同様である。ちょうど死人の眼と同じ状態であるべきである」

「何を要事とするか」とは、「何を心がけて実践していかなくてはいけないのか」ということです。自分以外の他者について善悪の評価をしていくと、結局は他者を貶《おとし》めてしまうことになります。「死人と同じように見ればいい」ということは、つまりは「見ない」ということです。死人は他者を批判することはありません。

「二には耳はいかなる時も人の是非、長短などを聞いてはならない。ちょうど死人の耳と同じ状態であるべきである」

褒《ほ》め言葉は聞こえてこなくても、悪口はよく聞こえてくるものです。三階教では、悪口は聞いてはならないとしています。たとえ悪口が聞こえてきても気にしないのです。

「三には口はいかなる時も人の是非、長短などを説いてはならない。ちょうど死人の口と同じ状態であるべきである」

見ないのも難しいし、聞かないのも難しいと思いますが、話さないのも難しいと思います。「唖羊僧《あようそう》」という言葉がありますが、「羊のようにおとなしく、言葉を話さない」という、まさにそのような存在のことです。

そして、もっと難しいのが「四」の、「思わない」ということです。

「四には心はいかなる時も人の是非、長短などを知ってはならず、他人の是非、長短などを嫌ってはならず、人の是非、長短などをいかってはならない。ちょうど死人の心と同じ状態であるべきである」

人は寝ていても夢を見ますから、「死人の心と同じ状態」というのはかなり難しいと思います。「五には身はいかなる時も人の是非、長短などを治罰《じばつ》してはならない。ちょうど死人と同じ状態であるべきである」

身体的な行為としても、「人の長所や短所をあれこれと評価したり、罰したりしてはいけない」ということです。

ただし例外として、自己に関しては、「アンテナをしっかり立てて、自分の悪いところを見つめ、自分自身で正していく」としています。

「例外として、（自己に関しては）ひたすら是非、好悪《こうお》、長短などを自ら見、自ら聞き、自ら説き、自ら知り、自らいかり、自ら治罰することに徹するべきであり、ちょうど生きている人の身口《しんく》意《い》などと同じようにあるべきである」（以上、『発菩提心法』）

以上が「死人仏法」といわれるものですが、これは「生盲生唖生聾仏法《しょうもうしょうあしょうろうぶっぽう》」とも呼ばれています。「生まれながらに見えない、聞こえない、話せない」ということですから、現代としては不適切な、差別的な言葉ですが、信行の思いとしては、「死人仏教」の精神を、このような名称で呼んでいたということです。

用語の使い方はともかく、その言葉に込められた意味を汲み取っていただけたらと思います。

■三階教の思想と実践の特質

ここで、三階教の思想と実践について、復習してみましょう。

次のページの図［1］の、「第三階の人々《閉じた一人称としての我々《われわれ》》」とは、どういう状態かといいますと、「自己に関して肯定して、他者に関して否定」している状態です。

つまり、自己については「有見」が現れ、他者に関しては「空見」が現れています。

「自己評価」「他者評価」のバランスとして考えますと、「現在の『あるがまま』よりも、自己を肯定し、どこまでも高めていきたい、自分が認められたい」という「自己評価」が高くなればなるほど、まるでシーソーのように、「他者評価」が下がってきます。他者の否定がますます強くなってしまうのです。これが、「自己を肯定し、同時に他者も肯定する」ということの難しさです。

そして、この偏った状態を打破するためには、「逆の力を加えていく」ということしかありません。上へ上へと思い上がっていこうとする自己肯定のほうに、下へ下へと謙虚に下げていく力を加えていくのです。つまり、「自己の悪を見つめる」という、「認悪」の実践です。

1 第三階の人々《閉じた一人称としての我々》
邪見＝有見＋空見

◎自己の肯定《有見》
自己の如来蔵・仏性の肯定
自己の信仰する仏・神の肯定
自己の拠り所とする経典(法)の肯定
自己の所属する教団(僧)の肯定

◎他者の否定《空見》
他者の如来蔵・仏性の否定
他者の信仰する仏・神の否定
他者の拠り所とする経典(法)の否定
他者の所属する教団(僧)の否定

↓ 解決の方法

2 実践

◎否定《認悪》
自己悪の認識

◎肯定《普敬》
普仏、普法
常不軽菩薩の礼拝行

↘ ↙
総合

如来蔵・仏性
普真普正仏法
死人仏法(生盲仏法)
一人(認悪)　一行(普敬)仏法
邪正の判断停止をした愚者(唖羊僧)が理想の修行者

3 意識のゼロ・ポイント
への回帰

無名無相、無念
抜断一切諸見根本
悉断一切諸語言道

↓ 一乗へ摂入
摂め取られて入っていく

そうすることで、他者を肯定する力が生まれ、これがそのまま他者評価を高めていく、「普敬」の実践となります。こうしてようやく、シーソーのバランスがとれてくるというわけです。

［3］の「意識のゼロ・ポイント」というのは、まさに「ありのまま」ということです。無我なる存在を無我なる存在として、ありのままに認識するような状態です。そうなると、言語からも解き放たれた状態になっていると思います。「無《む》名《みょう》無《む》相《そう》」「無念」ということです。

一切の「諸見の根本」をことごとく抜き去っていくような、一切の言語活動というものをことごとく断ち切って停止していくような状態で、三階教ではこの状態を、

「一乗へ摂入《しょうにゅう》していく」

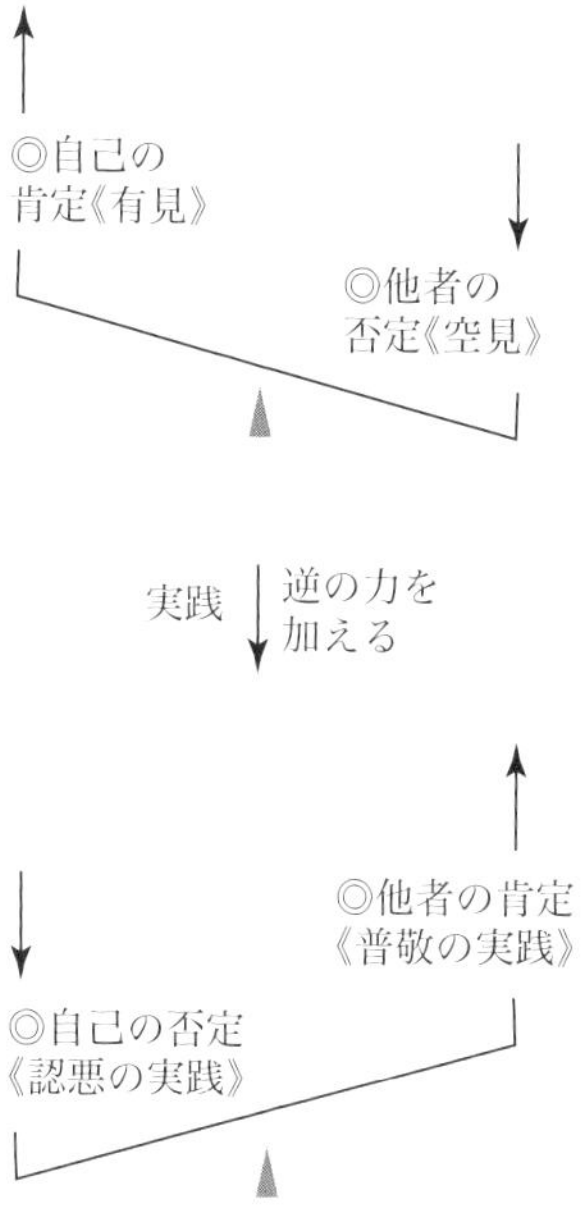

といっています。

「一乗の世界へ摂《おさ》め取られて入っていく」、ということです。

「一乗」というのは、無差別平等で、すべての者が悟りへと向かっていくことで、これが三階教の、「普敬と認悪を柱にした実践」なのです。

●浄土教における非人称へのアプローチ

当時、皇帝のお膝元の長安の中央に、三階教の寺院があり、その中に無尽蔵院という、布施をする施設がありました。この教えに共感した人たちが、地方から荷車を引いて、そこへ金銀財宝を、お布施をしにやってきたそうです。そうして数え切れないほどの財宝が、その無尽蔵院に集まったといわれています。

都の経済が上り調子のころはよかったのですが、玄宗皇帝のころになると、少々、経済が落ち込んできます。すると、都の財政は逼迫《ひっぱく》しているというのに、目と鼻の先の無尽蔵院の中に、財宝がふんだんに（それこそ無尽蔵に）あるわけです。

皇帝がこんな目の前の財宝を放っておくわけがありません。

「三階教は異端だ！」

として、寺院をおさえて、財宝を巻き上げるようなことになったのではないかと思います。

三階教とまったく同じ時代に、同じ長安の都で、同じ民衆を相手に、どんどん支持を集めていたのが浄土教です。中国の浄土思想を大成した善導大師の時代です。

三階教と浄土教は犬猿の仲でした。同じ末法思想に立ちながら、人称性を超えていく方法論においては、まったく逆の方法論をとっていたからです。

三階教は、人称性をダイレクトに超えていこうという厳しい教義です。

「できるかできないか、が問題なのではなくて、その実践を行う以外には、自己が解放されていく方法はない」という、追い詰められた緊張感が三階教徒の中にありました。ところが、われわれ凡夫にはなかなかそれができません。

これに対して浄土教は、「大いなる二人称」という方便で人称性を超えようとしています。

親鸞聖人も、「親鸞一人がためなり」とおっしゃっているように、阿弥陀仏という仏さまは、「それぞれの人にとっての阿弥陀さま」ではあるのですが、仏さまは、「十方衆生（すべての人）」を見ています。

「たとい、われ仏と成るを得ん時、十方の衆生《しゅじょう》、至心《ししん》に信楽《しんぎょう》して、わが国に生まれんと欲して、乃至《ないし》十念《じゅうねん》せん。もし生まれずんば、正覚《しょうがく》を取らじ。ただ五逆と正法を誹謗するものを除かん」

（「無量寿経」第十八願）

「もし、私が仏になったときは、十方衆生が、いつでも、どこでも、どんなことがあっても、私(阿弥陀)に心を向けている『あなた』を見捨てません」

といっています。これが阿弥陀さまのメッセージです。

ずいぶん前に、あるお寺のご住職さんに、次のようなお話を伺ったことがあります。

ある日、子どもがケンカをして、よその子どもを傷つけてしまいました。お母さんがカンカンになって、その子どもを古井戸のところまで引きずっていきました。そして、頭を押さえつけながら、「こんなことばかりやってる子は、井戸に落とします!」といいました。すると、その子どもは、ジロリとお母さんを横目で見上げて、「落とせるもんなら落としてみろ!」といいました……。

わが子を井戸に落とすような親はいません。たとえどんなことをしようとも、親というものは、絶対に子どもを見捨てません。それを子どもはちゃんとわかっているのです。

そんな親子のように、この十方世界のすべての人々が、一人も漏れることなく、阿弥陀さまに包み込まれているのです。それが、「阿弥陀さま」という「大いなる二人称」なのです。

一般に「二人称」とは、相手が限られていて、自分にとって近しい、愛しいものだけを二人称としています。ところが阿弥陀さまから見た二人称は、「十方衆生」として、すべての人々が二人称の対象となっているのです。

「『親鸞一人がためなり』の阿弥陀さま」も、「『あなた』の阿弥陀さま」も、どちらも二人称ですが、「十方衆生」という「大いなる二人称」とすることで、浄土教は人称を超えているのです。

ところが、これが浄土教の最終的な目的ではありません。

「仏になる」「成仏する」ということは、人称性を超えた、非人称性の世界へと超えていくことです。阿弥陀さまの願いによって、最終的に私たちが、「人称性を超えた世界へと到達する」ということが大切なのです。

「私」と「あなた」の区別がなくなって、相手の苦しみや悲しみも、自分のものとして受けとめられるという存在になっていくことが、浄土教の最終的な目的なのです。

親鸞聖人はこう述べています。

「法身《ほっしん》は色もなし、かたちもましまさず。しかれば、こころもおよばれず、言葉も絶えたり。この一如よりかたちをあらはして、方便法身《ほうべんほっしん》と申す御すがたを示して、法蔵比丘《ほうぞうびく》と名のりたまひて、不可思議の大誓願を起こしてあらはれたまふ御かたちをば、世親《せしん》菩薩は『尽十方無碍光《じんじっぽうむげこう》如来《にょらい》』と名づけたてまつりたまへり。この如来を報身《ほうじん》と申す。……阿弥陀仏は光明なり。光明は智慧のかたちなりと知るべし」（「唯信鈔文意」）

ありのままの真実の世界である「一如」へ到達した仏さまが「法身」です。ここでは、色もなく、形もなく、心で認識することもできず、もちろん、言葉で表現することもできません。

ところがその一如の世界からまたこの世に戻ってきて、「方便法身」という姿を現したのが、阿弥陀仏です。修行時代には法蔵比丘と名乗り、すべての人を救うための大誓願を立てます。世親菩薩は、法蔵比丘が誓いをなしとげて阿弥陀仏となられたお姿を、「光如来《こうにょらい》」と呼ばれました。救いの光や智慧の働きがどこまでも妨げなく、十方衆生に届いていく仏さまだからです。

このように、修行による成果が報いられた仏さまの身体を「報身《ほうじん》」といいます。「法身」は、真実それ自体ですから、過去無限の彼方から、未来無限の彼方まで永遠にあります。そこから「阿弥陀」という名のりをあげて世に現れたのが「方便法身」であり、「報身」というお姿なのです。


浄土教における非人称性のアプローチは、いちばん最初に「大いなる二人称」というものをおくことによって超えていこうとするのです。たとえ、どんなにすぐれたシステムであっても、自分が解放されていくのに役に立たず、働きが感じられないものならば、「自分には関係ないもの」として修行をする気にはなりません。

自分にとって心の底から、「ああ、確かにそうだな」という納得と安心感、それが感じられないとダメなのです。「どんなことがあっても見捨てないよ」という、温かくて、強くて、包み込んでくれるような世界が、浄土教の「大いなる二人称」なのです。

■まとめ

ここで「気づき」についてまとめてみましょう。

自己が大いなる二人称の中に溶け込んでいくことにより、閉じていた一人称から解放されていきます。そして、それがそのまま、「ありのままの私」を気づくことになるのです。「ああ、私はこれまで閉じた生き方をしていたなあ」という「気づき」です。

自己が大いなる二人称の中に溶け込んでいくことにより、
閉じた一人称から解放されていく
＝「ありのまま」の私に気づかされてくる　《閉じた一人称への気づき》
＝その気づかせる阿弥陀仏の働きに気づかされる　《大いなる二人称への気づき》
＝信心をいただく
念仏は人称性を超えていくシステムである
私が大いなる二人称によって称《とな》えせしめられ、
その声によって私がまた呼ばれている

この「閉じた一人称への気づき」は、三階教の「認悪」と同じ「気づき」になっているかもしれません。それが浄土教では、阿弥陀仏の働きによって、「大いなる二人称への気づき」へと通じてきます。

浄土教の善導大師は、「閉じた一人称の気づき」と、「大いなる二人称の働きへの気づき」の二種類の気づきを説かれています。それを「二種深信《にしゅじんしん》」といいます。

「罪悪生死《しょうじ》の凡夫なり」

自分はどうしようもない、罪悪生死の身なんだという、一人称への気づき。そして、そういう救いがたい私を救ってくださる、阿弥陀仏の働きへの気づきです。

そして、この二つの気づきを、阿弥陀さまの働きを通していただくのです。それはつまり、「確かにそうだなぁ」と自分自身が納得して、「信心をいただく」ということになります。

口からこぼれ出てくる、「南無阿弥陀仏《なむあみだぶつ》」という念仏は、人称性を超えていくための、非常によくできたシステムになっています。阿弥陀さまの働きによって、私の口から、「南無阿弥陀仏」という言葉が出てくるのですが、その阿弥陀さまの名前が、また私の耳に入って循環します。「大いなる二人称」で、阿弥陀さまの働きによって称えた念仏が、もう一度、私の耳に阿弥陀さまの呼び声として戻ってくるのです。

このシステムこそが、浄土教の最高の方便ではないかと思います。

原口針水《しんすい》和上（江戸時代末期・明治期の真宗本願寺派僧侶）は、このように伝えています。


「我称え　我聞くなれど　南無阿弥陀　つれてゆくぞの　親の呼び声」


「私がお念仏をとなえ、私が聞かせていただくお念仏は、仏さまの呼び声であり、『必ず連れて行くぞ。どんなことがあっても見捨てないぞ』という、親の呼び声として聞こえてくる」としています。

また、甲斐和里子さん（日本の教育者。京都女子大学の前身、顕道女学院の創始者）は、

「みほとけの　み名を称えるわが声は　わが声ながら尊かりけり」


「私の口から出ている仏さまのお名前だけど、それは私の口を通して、仏さまが働きを現してくださっている。なんともありがたいことだ」と詠《うた》っています。

浄土教の非人称へのアプローチとは、

「人間が感じうる、その世界へ自然に入っていけるようなシステムを設けて、最終的に非人称の

世界へと導いていく」

ということのようです。

●――おわりに

人称性をいかに突破していくか。

それはすなわち、「等身大の私に、どう気づいていくか」ということです。

「ありのままの私、縁起《えんぎ》している私に、『ああ、これでいいんだ』『こうして生かされているんだ』と、うなずきながら、感謝しながら生きていく」

そういう世界が開かれていくことが、仏教の掲げている中心的な課題のひとつではないかと思います。

仏教は、「縁起の思想史」「縁起の思想の発展の歴史」であると解釈することも可能です。ですが、さらに、

「仏教とは、いかにして人称性を超えていくか。突破していくかという実践が仏教なのだ」

という解釈もできるのではないでしょうか。

（二〇一五年三月一九日）

Buddhism
and
Awakening

［オムニバス仏教講座］
仏教と気づき

II

〈ご縁〉と気づき

Iwagami Kazunori
石上和敬

「ご縁」の意味について考えてみましょう。

仏教用語の「ご縁」の厳密な解釈を求めるのではなく、どんな状況で「ご縁」というものが語られてきたのかを考えてみたいと思います。

ご縁は「いただくもの」だけではなく、同時に「周りに広がるもの」でもあるという、「ご縁」の双方向性についても考えます。

「ご縁」の気づきが、今を生きる力につながるはずです。

仏教は、「気づき」の教え

■「ご縁」は便利な言葉

仏教の開祖・お釈迦さまは「ブッダ」と呼ばれますが、これは「真実に気づいた人、目覚めた人」という意味です。ですから、仏教の話は、すべてブッダの「気づき」「目覚め」に関わる話になります。

私は常に仏教に関わる環境の中におります。家もお寺ですし、大学でも学生に仏教を教えています。ありがたいことに、いつも仏教が身の回りに溢れているのです。ですから、仏教関係の方々とお話をすることも多いのですが、「ご縁」という言葉が、とてもよく使われます。

例えば、お寺で子どものころから仏教の法話を聞かされてきましたが、その中でも「ご縁」という言葉がよく出てきましたし、檀家さんとお話をするときにも、「ご縁ですねえ」とか、「ご縁があった」とか、本当によく使われているように感じます。お寺では、直接的な表現をしにくい場合も多いのですが、そのようなときに、「ご縁」という表現はとても便利な言葉です。

最近では「お見合い」というものは少ないようですが、お見合い結婚の場合も、うまくいけば「ご縁があった」といいますし、ダメになっても、「まあ、ご縁のものですから」などといいます。

あるキリスト教の関係者とお話ししていたときに、

「仏教の人は何でもご縁、ご縁っていえば、済んじゃうようなところがありますね」

と指摘されましたが、そのような面はあるかと思います。

この「ご縁」とは何か、どのような意味を持った言葉であるのかを、インドの仏教にまでさかのぼって、ご説明したいと思います。

仏教思想の中心にある「ご縁」

■「ご縁」と「縁起」

浄土真宗本願寺派（本山：京都の西本願寺）から、『ごえん』という冊子が出ています。この冊子の中から、「ご縁」についてご紹介したいと思います。

［仏教の根底を成す思想］

『ご縁』は、お釈迦さまが説いた大切な教えである『縁起』に由来する言葉です。

お釈迦さまは悟りを開かれ、その後四五年間にわたりさまざまな教えを説かれましたが、その教えの根本が『縁起』であるといわれています。お釈迦さまは、人が生まれ、老い、病み、やがて死にいたるという苦しみの原因を探っていき、その原因が人間相互の根本的な欲望や愚かさであることを見いだしました。そのうえでその愚かさが生み出す苦悩を、『智』によって解放していく道を示されたのです。

お釈迦さまの悟りは、苦しみの原因を、時間をさかのぼって観察することで得られた境地であり、もともと『縁起』は、時間的な経過の中での原因と結果の関係を意味していました。しかし、後の時代になると、あらゆる存在は、他のものとの関係の中で存在しているという、相互の依存関係を意味するようにもなりました。つまり、『縁起』とは、私たちには見極めることが困難なものですが、宇宙のあらゆるものは、時間的にも、相互の関係としても、結びつき合って存在しているのであり、バラバラに存在しているようであっても、個別に単独で存在しているものはないという、この世界の真実のあり方を示す思想を表現する言葉になりました。

ですから、時間的なつながりと、互いの存在が同時的につながり合っているという二つの私たちの存在を規定するとともに、仏教徒として生きる道を明らかにする奥深い原理が、この短い『縁起』という言葉に集約されているのです」(『ごえん』二七〜二八頁)

さて、はじめにご説明してありますように、「ご縁」というのは、「縁起」に由来する言葉です。お釈迦さまは八〇年の生涯のうち、三五歳のときに悟りを開かれて、お亡くなりになるまでの四五年間、ご自分の悟った内容を世の中の人々に説いていくという生涯を送りました。

その説かれた教えの根本が「縁起」であるならば、仏教という教えの根本が「縁起」であるといっていいと思います。

■「四苦八苦」とは

「お釈迦さまは、人が生まれ、老い、病み、やがて死にいたるという苦しみの原因を探っていき……」とありますが、これは仏教では「生・老・病・死」といいます。この四つを「苦」であるとし、「生苦・老苦・病苦・死苦」と、「苦」の文字をつけます。この四つの苦をまとめまして、

「四苦」といいます。これがよくいう「四苦八苦」という場合の「四苦」です（「八苦」という場合はこれにプラス四つということになりますが、それはここでは省略します）。

この「苦」という漢字を見ていただくと、「苦しい」という意味の「苦」です。仏教ではこの「苦」について、「苦とは、思い通りにならないこと」という説明をします。「苦」の本質がそのようなものであるとすれば、われわれの人生において、思い通りにならない代表が、「生・老・病・死」の「四苦」なのです。

そして、すでに「生まれてしまった」私たちにとって、「老」「病」「死」は切実な問題です。

年をとりたいとは思わないけれど、とらなければならない。
病気になりたいとは思わないけれど、なってしまう。
死にたいと思う人はいないけれど、死んでいかなくてはならない……。

お釈迦さまの時代であろうと、科学や文明が発達した現代であろうと、これだけは思い通りにならないことであり、お釈迦さまも「老・病・死」については悩まれたようです。

「これを解決しなければ、本当の幸せはありえないのでは？」

と考えたことが仏教の出発点だったようです。

■「苦」とその原因

この「生・老・病・死」の「苦」の原因とは、いったい何なのでしょうか？

これがお釈迦さまの「問い」の方向性でした。

「苦しみには必ず原因がある。そして、この原因を断ずれば、結果である苦しみが、起こらなくなるだろう」

と考えたのです。そして考えに考えて、やっとこの苦しみの原因を突きとめました。辿り着いた結論は、「人間の根本的な欲望や愚かさ」でした。

仏典では「渇愛」などとも表現されますが、これが「煩悩」といわれるものです。

「苦しみは煩悩から起こるのだ」

それがお釈迦さまの結論です。

例えば、「老」ということを考えてみれば、人間として生まれた以上は、徐々に老化して年をとっていきます。これは避けられないことですが、私たちは、少しでも若くいたいとか、少しでも年をとりたくないと考えます。それが元気を保つ源《みなもと》にもなるのかもしれませんが、年をとることによって苦しんでいる人は多くいます。人間として生きていく以上、年をとっていくことは、当たり前であり、その年相応のあり方を受け入れていけばいいのですが、なかなかそうはいきません。

「あるがままの自分を受け入れられないのは、煩悩のためである」

お釈迦さまはそう示しました。

「病」や「死」についても同じように考えることができます。いちばんよい解決方法は、この「老・病・死」がなくなってしまうことです。例えば、絶対に老化しなくなるとか、絶対に病気にならないとか、絶対に死なないとなれば、このような苦しみはなくなってしまうはずです。

ところが、現代の科学や医学では、まだまだそのような状態にはなっていません。やはり私たちは「老・病・死」に向きあうことになります。

「『老・病・死』などの現実を素直に受け入れられない原因は、われわれの心の中にある煩悩である。それらを苦しみと考えずに、こちらの心のあり方を変えることによって、苦しみを少しでも克服し、乗り越えていくことができるのではないか？」

お釈迦さまはそう考えました。そして、ここに、「縁起」という考え方が表れています。

「煩悩」が原因であり、その結果として「苦」が現れるのです。「原因と結果」という、「因果関係」がここにはあります。

「『原因』によっていろいろなことが生じてくる」

仏教はこのような見方をしているのです。

■二つの因果関係

苦しみの原因が「煩悩」であるとご説明しました。では、その「煩悩」をなくするためにはどうすればいいのでしょうか？

そこで考えられたのが、さまざまな「道」と称されるものです。この「道」は、「煩悩」をなくする「方法」ではありますが、「実践」という言い方をしてもいいでしょう。

代表的なものには「八正道《はっしょうどう》」と呼ばれるものがあります。「正見《しょうけん》」「正思惟」「正語」「正業」「正命」「正精進」「正念」「正定《しょうじょう》」といった、八つの正しい実践について説かれています。

このような実践が適切に行われると、苦しみの原因である「煩悩」を滅する（＝なくする）ことができ、それによって、結果である「苦」も滅するというのです。

「苦」がなくなることを「苦滅」といいます。そしてこの「苦滅」が、実は目指すべき安らかな境地であるということになりますが、ここでも、二つの因果関係を読み取ることができます。

まず、先ほどもご説明した、「煩悩」を原因として「苦」という結果が生じます。この「因果関係」が一つ目の縁起です。そして、煩悩をなくすために、八正道などの「道」の実践を行うことが原因となって、結果として煩悩がなくなり、苦しみがなくなり、最終的な目標に到達します。

この因果関係を二つ目の縁起と考えることができます。

■二つの縁起

さらに、冊子『ごえん』を読んでみましょう。

「お釈迦さまのさとりは、苦しみの原因を、時間をさかのぼって観察することで得られた境地であり、もともと『縁起』は、時間的な経過の中での原因と結果の関係を意味していました」
（前掲『ごえん』二八頁）

苦しみの原因としての煩悩、つまり、煩悩があることが先で、その結果として苦しみが生じているというのです。その時間的な前後関係を通して考えることこそが、「縁起」というものの当初の意味です。とりあえずこれを「縁起A」と呼ぶことにします。煩悩があるから苦しみが生じるという、時間的に「直線的な関係」といっていいと思います。ところが縁起は、このような直線的に見るものとはやや異なる意味合いで使われる場合もあるようです。

「しかし、後の時代になると、あらゆる存在は、他のものとの関係の中で存在しているという、相互の依存関係を意味するようにもなりました」（前掲『ごえん』二八頁）

このような縁起の解釈のほうが、実は私たち日本人にとっては、なじみ深いのではないでしょうか。例えば、先にご説明した、「なにごともご縁ですねえ」といった場合です。

私たちにとって、「私が今、ここにある」ということは、「さまざまなご縁をいただいて、ここにいる」と考えます。しかし、それは一面であり、一方では、「私自身もまた、みなさま方への、何がしかのご縁になっている」という考え方も含まれているように思います。

このように、一方的な関係ではなく、お互いが関係し合っているということが、日常的な「ご縁」という言葉には含まれているのではないでしょうか。このような関係を、「相互依存の関係」とか、「相依関係」などと表現することがあります。因果関係という視点からいえば、「あるものが原因で、他のものが結果だ」というだけではないことになります。「結果であったものが原因になって、原因であったものが結果になっていく」という、「お互いが『因』でもあり『果』でもある」という関係です。

このように見る縁起を、「縁起B」と呼ぶことにします。

「つまり、『縁起』とは、私たちには見極めることが困難なものですが、宇宙のあらゆるものは時間的にも、相互の関係としても、結びつき合って存在しているのであり、バラバラに存在しているようであっても、個別に単独で存在しているものはないという、この世界の真実のあり方を示す思想を表現する言葉になりました」（前掲『ごえん』二八頁）

「相互の関係としても、結びつき合って存在している」ということですが、これは日常的な経験でもおわかりいただけるかと思います。

例えば、私が大学で授業をしているときは、私と学生とは別個の存在ではなく、お互いが深く関係し合っています。私は学生たちの顔色をうかがいながら授業をします。

「つまらない話だと思っているな」とか、「わかりやすいと思っているな」など、彼らの顔の表情で読み取れます。そうやって私は彼らに影響を受けながら、話の内容を変えていくことがよくあります。つまり、学生の前で授業をすること自体が、私自身のあり方を変えていくという、一つのご縁になっているわけです。もちろん、その反対に、学生は私の話を聞くことによって、考え方や生き方に、何がしかの影響を受けるはずです。

このように考えただけでも、私たちは別個な存在ではなく、非常に深く、お互いが影響し合っている「相互依存関係にある」と考えることができると思います。

「ですから、時間的なつながりと、互いの存在が同時的につながり合っているという二つの私たちの存在を規定するとともに、仏教徒として生きる道を明らかにする奥深い原理が、この短い『縁起』という言葉に集約されているのです」（前掲『ごえん』二八頁）

「縁起B」の関連で、冊子『ごえん』の次の部分もご紹介しておきます。

［日本での浸透］

「とりわけ、日本に仏教が伝来して以来、この『縁起』の『お互いに関連し合う』という考え方が大切にされてきました。そのことが、『縁』に『ご』をつけて『ご縁』という表現になり、江戸時代には、浄土真宗の法話などでも、たびたび用いられてきました。その後、『ご縁』は、日本社会にも広く浸透し、日常でしばしば用いられる言葉となり、『多くのご縁によって生かされている』という見方が培われてきたとみられます。（以下略）」（冊子『ごえん』二九頁）

原始仏教、部派文献などにみられる縁起

■縁起説のはじまり

縁起に関する仏典の記述なども確認しながら、さらに詳しくご紹介していきたいと思います。

初期の仏典では、「苦しみの原因は煩悩である」というような、直線的な「縁起A」が主に説かれています。

「最初期の仏教は、原因と諸条件とを含む『縁』（もしくは『因縁』、それは一種の『関係主義』と解してよい）にもとづく生起を説いて、それが縁起説の原型を形成していった、と考えられる」（三枝充悳「縁起の思想」法藏館・七頁）

今まで曖昧に用いてきた「縁」という言葉を、もう少し考えてみましょう。

右記の説明では、「縁」を「因縁」という表現にも置き換えていますが、「因」という言葉と、

「縁」という言葉は、最初期の仏典では、ほとんど区別なく使われているようです。

先ほど私は、「苦しみの原因は煩悩である」と、「原因」という言葉を使いましたが、そこは「因」と表現しても、「縁」と表現しても間違いではないと思います。ですが、後には、「因」と「縁」を区別する解釈も見られます。その場合には、「因」は「直接的な原因」で、「縁」は「間接的な原因」であるとしています。

また、「因」のほうを「原因」といい、「縁」のほうは、「原因によって結果が起こることを、助けたり、邪魔したりする『条件』である」と区別する場合もあるようです。

因＝直接的な原因〈または原因〉
縁＝間接的な原因〈または条件〉

ただし、常にこのように厳密に分けて考えられているわけではありません。

先ほどご紹介した説明でも「原因と諸条件とを含む『縁』」とありますが、この文章の中では、この「縁」に基づく「生起を説いて」とあります。この「生起」というのもまた難しい言葉ですが、例えば、「『苦』の原因は煩悩である」と考えた場合、「煩悩を縁として『苦』が生じている（＝生起している）」ということになります。また、「私という存在は、身体や心など、さまざまな原因や条件によって成立している（＝生起している）」ということになります。つまり、すべての事や物が縁によって、「生まれている」「成り立っている」ということを「生起している」と考えていいと思います。このことから、縁起のわかりやすい理解として、「さまざまな原因や条件によって、すべての事や物が成り立っている」と考えておくことにします。

■仏法のかなめとしての縁起

仏典で縁起は、いろいろな箇所にさまざまな形で説かれていますが、極めて重要な教えであったことには間違いがないと思います。例えば、次のように説いている経典もあります。

「縁起を見るもの、その人は法を見る。法を見るもの、その人は縁起を見る」（パーリ中部「象跡喩大経」）

縁起というものがわかれば、法（すべての物の真実のあり方）がわかる。つまり、「縁起がわかれば、仏教が理解できる」と解釈できます。

「諸法（もろもろの物や事）は因より生ずる。如来はそれらの因を説く。またそれらの滅をも。偉大な修行者（大沙門）はこのように説く」（いわゆる縁起法頌）

これも、先ほどご説明したように、「すべてのものは、何らかの原因から生じている」ということです。「われわれが何かに苦しんでいるならば、その苦しみには、必ず原因がある」ということです。ここでの「偉大な修行者」とはお釈迦さまのことで、「お釈迦さまがこのことをあきらかにしてくださった」という意味になります。

この詩はとても有名で、次のようなお釈迦さまのエピソードの中に出てきます。

「智慧第一《ちえだいいち》」とも呼ばれた、舎利弗《しゃりほつ》（インドでの名前はシャーリプトラ）という、いちばんの秀才といわれたお弟子さんがいました（プトラは「子」という意味で舎利子《しゃりし》とも訳されます）。この舎利弗という方は、最初はお釈迦さまの弟子ではなく、サンジャヤという、仏教ではない別の宗派の師匠について勉強していて、そちらの宗派でも、秀才の誉れの高かった人でした。

あるとき、その舎利弗が、道の途中でアッサジというお釈迦さまの弟子に出会います。

舎利弗には、そのアッサジという人がたいへん素晴らしく、立派な人物に見えたようです。出会えたことに感激し、憧れの気持ちを持った舎利弗は、

「あなたはどういう先生についておられるんですか？　その先生はどういう教えを説いていらっしゃるんですか？」

とアッサジに質問をしました。するとアッサジは、

「自分はお釈迦さまという方の弟子ではあるけれど、まだ弟子になって日も浅いから、お釈迦

さまの教えをうまく説明することができません」

と答えました。それでも舎利弗はあきらめきれず、

「どんなことでもいいから教えてください！」

と重ねて頼みました。

するとアッサジが重い口を開いて答えました。

「私はまだ入門して日も浅いのですが、お釈迦さまが説いているのは、『諸法は、因より生ずる。如来はそれらの因を説く。またそれらの滅をも』ということではないかと思います」

それを聞いた舎利弗は、「それは素晴らしい教えだ！」と感激し、それまでの師匠のもとを離れて、お釈迦さまのもとに入門することになりました……。


そんなエピソードですが、この詩がよく用いられるのは、ここにお釈迦さまの教えのエッセンスが含まれていると考えられるからです。

「お釈迦さまの教えとはどういうものか？」という問いに対して、アッサジがこの詩を述べたわけですから、ここで述べられている「因」、つまり「縁起」ということが、お釈迦さまの教えの中心ということになるのでしょう。ここでは「諸法（すべてのもの）」としていますが、これを「すべての苦しみ」と置き換えてみれば、「苦しみはその原因となっている煩悩から生まれるのだ」ということになります。

そして、最後の「滅」ということから、次のように考えることができます。

「苦しみの原因となる煩悩を滅することができれば、結果である苦しみもなくなるでしょう」

■初転法輪

お釈迦さまが悟りを開いたのちに、最初に説法されたことを「初転法輪《しょてんぼうりん》」といいます。そのときにお釈迦さまが説かれた教えに、「四諦《したい》の教え」というものがありますが、これも縁起的な視点から見ることができます。四諦の教えの「諦」とは、「真理」とか「真実」などと訳され、「あるがままのあり方」といった意味が根底にあります。

四つの「諦」とは「苦・集・滅・道」の各諦のことで、この四つの諦は関連しています。

まず「苦諦」ですが、これは「四苦八苦に代表されるような苦しみがある」ということです。

そして、なぜ、苦があるのかといえば、「それは苦の原因があるから」と考えます。これが「集諦」ということです。「集」という漢字は、「集まってくる」という意味ですが、「苦しみが集まってくる」、つまり「苦しみが生じる原因」という意味です。「苦」の原因があるから、結果として「苦」があるのだということです。

次に、「苦」の原因を正しくつきとめられたら、今度はそれを滅するために、「道」を実践する必要があります。具体的には「八正道《はっしょうどう》」があげられることが多く、そのような実践を行うことによって、「苦」の原因を滅することができれば、結果である「苦」も「滅」することになるわけです。つまり、「八正道の実践を『因』として、苦の滅という『（結）果』が実現される」ということになります。

以上が「四諦」、つまり「苦・集・滅・道」という、仏教の基本的な教えの概要ですが、この四諦の中にも、「原因と結果」「縁起の関係」を、しっかり読み取ることができます。

初転法輪は非常に重要な教説で、お釈迦さまが最も伝えたかったことだと考えられますが、本当に四諦が初転法輪の内容であったかというと、古代インドのことですので断言はできません。ただ少なくとも、仏典を編集した仏弟子たちにとっては、「四諦がきわめて重要な教えである」と理解されていたといえると思います。そしてその四諦の中にも、「縁起の考え方」が読み取れることは、留意しておくべきことだと思います。

また、縁起に関して次のようなシンプルな教説を紹介しておきます。これまで、お話ししたことの参考になるのではないかと思います。

「これがあるとき、かれがある。これが生ずるとき、かれが生ずる。これがないとき、かれがない。これが滅するとき、かれが滅する」

■十二支縁起

「縁起説」といいますと、「十二縁起」とか、「十二支縁起」などがよく知られているものだと思います。この十二支縁起は、やや説明が難しいのですが、縁起説の中では基本とされていますので、少し触れたいと思います。

この十二支縁起は、非常に単純化していえば、

「苦しみの原因を、どんどんつきとめていったら、何に行きつくのか」

という発想が根底にあります。これまで、「『煩悩』を原因として、その結果として『苦』がある」とご説明してきましたが、その原因と結果のメカニズムをもう少し詳しく見てみましょう。

［十二支縁起］

無明―行―識―名色―六処―触―受―愛―取―有―生―老死

この一二項目のいちばん最初に、「無明《むみょう》」が置かれます。無明とは、「根源的な無知」などと説明されることもありますが、「われわれの煩悩を生じさせる最も根源的なもの」といってよいでしょう。もう一つの重要な点は、「無明は私たちの理解できる範囲を超えているものだ」ということです。われわれには捉えられないものなのです。お釈迦さまは、最終的にはこの「無明」が無明でなくなるという体験をされましたが、これが「悟り」ということになると考えられます。

一二の項目についての説明は省略しますが、この「無明」から、さまざまな段階をへて、最後が「老死」になります。「老死」は、「煩悩によって生じた生老病死の苦」ということです。仏典で十二支縁起がどのように説かれているかをご紹介しておきます。

［一］

「無明を縁として行があり、諸行を縁として識があり、……（以後、順番通りに「生」まで同文が続いていく）……生を縁として老死・憂・悲・苦・悩・愁が起こる」

「無明を縁として行があり、諸行を縁として識があり」とありますが、「無明」から「行」、そして「識」というように、前のものを縁として次のものが結果として生じて……、というようにつながっていき、最後は、老死などのさまざまな苦しみが生まれるというわけです。

われわれの目標は、老死などの苦しみをなくすことですから、この原因をなくさなければなりません。それが次の［二］になります。

［二］

「無明の滅から諸行の滅があり、諸行の滅から色の滅があり、……（以後、順番通りに「生」まで同文が続いていく）……生の滅から老死・憂・悲・苦・悩・愁が滅する」

「無明」をなくすることで、その次の「行」もなくなる。そして「行」というものがなくなれば、三番目の「色」もなくなる……、というように、根源の無明から順番に、断って、滅していきます。そうすれば、最後の苦である「老死」もなくなります。これは、直線的な時間の流れで理解するような縁起といってもよいかもしれません。

「aに縁《よ》ってbがあり、bに縁ってcがある。また、aの滅によってbも滅し、bの滅によってcも滅する」などと説かれる、前述の「縁起A」です。

原始仏典では、このような「直線的な時間の流れ」で解釈する縁起説がしばしば説かれます。

大乗仏典などにみられる縁起

■「般若経」の空、縁起

ここからが、「おかげさま」「お互いさま」にも通ずる、「相互依存」「相依関係」の「縁起B」の話になっていきます。この「縁起B」の説明では、「空」という重要な概念が出てきますが、「空」と「縁起」の関係に留意していただきたいと思います。

はじめに、「般若経」の一節をご紹介します。

「善男子よ、たとえば弦楽器の音は、生じつつあるときどこからくるのでもないし、消えつつあるとしても、どこへ行くのでもなく、どこへ過ぎゆくのでもありません。因や縁の完全な和合に依って生じるのであって、因に依るものであり、縁に依るものです。たとえば、(弦楽器の)木の胴を縁とし、皮を縁とし、弦を縁とし、棹を縁とし、柱を縁とし、撥を縁とし、人のそのさばきを縁として、このようにこの弦楽器の音は因に依るものであり、縁に依るものとして、発生するのです。そしてその音は木の胴から発生するのでもなく、皮・弦・棹・柱・撥からでもなく、人のそのさばきから音が発生するのでもないのです。しかしながら、すべて(の因縁)の結合から音(という一つのもの)が仮に設定される(言語表現される)のです。(同様に)消えつつある音も、どこへも行かないのです」(竹村牧男『さとりと「空」』講談社現代新書・一三七頁)

琵琶のような弦楽器をイメージしていただければよいかと思いますが、「弦楽器から発せられる音がどのように生じているのか」ということについての説明です。

弦楽器を弾くと、ボロンと音が鳴りますが、あの音は、どこから生じているのでしょうか。これについて次のように考えます。

「弦楽器の各部分があって、そして人間がボロンとさばく、それらすべてが因(原因)や縁(条件)となって適度に調和したときに、ボロンという音が鳴るのだ」

このような見方です。つまり、琵琶の音というのは、「さまざまな因や縁が和合することによって生じるものだ」ということで、これが「縁起」と「空」について考えていくうえで、非常によいヒントになります。すべてのことも、琵琶の音のように、さまざまな因や縁の和合によって生じているというわけです。

■縁起、空、無自性

竹村牧男先生はさらに次のように解説されています。

「ここでは不生・不滅の本性を、縁起によって基礎づけている。縁起のゆえに無自性であり、無自性のゆえに空であるとの説明の原型が現れている」（竹村牧男、前掲書・一三八頁）

ここでは、「空」と「縁起」とを結ぶ、もう一つの概念として「無自性」が出てきます。「無自性」とは「自性が無い」ということです。「すべてのものには、『自性』がない」と説明されています。

では、「自性」とは何でしょうか？

さまざまな訳語がありますが、とりあえず、「実体」と訳しておきます。

「すべてのものには実体がない。だから『空』ということになるのだ」

ということです。例えば、この私ならば、「私には、自我のような実体はない」ということです。

この「自性」、すなわち「実体」について、龍樹が次のように説明しています（龍樹とは、ナーガールジュナというインドの人で、それまでの縁起説を承《う》けながらも、独自の視点から、「すべてのものは無自性であり、空であり、縁起したものである」と明らかにされた方です。この解釈がその後、「相互依存」「相依関係」の縁起の基礎になっていったと考えられています）。

「なお、『自性』とは、実に変作される（つくり変えられる）ことのないもの。また、他のものに相対的でないものである」（『中論』一五―二）

「他のものに相対的でない」というのは、「他のものに依存しない」ということです。別の表現をすれば、「そのものだけで、成り立っている」ということになります。そのものだけで成り立っているということは、
「いつまでも、変わらない」
「単一（一つ）である」
ということで、「このようなものが、『実体』というものではないか」というわけです。

例えば机ならば、「机としての、何か実体というものがあるのだろうか」と考えれば、おそらく「ない」という結論になると思います。なぜなら、机はいろいろな部品が集まって、それを作っ

た人間や、道具などの働きがあってできています。自立的ではありません。他のものに依存してできあがっている「相対的」なものです。最初からずっと実体として実在しているわけでもありません。そしてまた、この机は今後、作り変えられることがあるかもしれません。さまざまな縁（条件）が変われば、この机はまた別のものにもなりえますし、また朽ちていくこともあるでしょう。これがこのままの形で永遠にあり続けるわけではありません。

すべてのものは、このように多くの部品とか、それを作った人の手とか、さまざまな「ご縁」がより集まって、和合して出来上がっているのではないでしょうか。

このように見たときに、「すべてのものに固定的で不変の実体などはない」、つまり「無自性である」ということになるのだと思います。

すべてのものは、原因や条件によって出来上がっていますから、「縁起」ということにもなります。そして、この「実体がない」という性質がそのまま、「空である」といっているのです。

このように「無自性」、「縁起」、「空」を、セットで考えればわかりやすいと思います。

ここで、立川武蔵先生の縁起についての一文を紹介したいと思います。

「縁起の関係にあるとは、縁起を構成している項（x、y等）が、独立した『堅いもの』ではなくて、それぞれの自体（恒常不変の特質）を欠いた『柔らかなもの』であってはじめて可能ではないのか」（立川武蔵『はじめてのインド哲学』講談社現代新書・一一〇頁）

ここでいう「自体」も、先ほどの「実体」ということです。つまり、実体があるということは、ある意味で、「それがもう変わらない」ということを意味しているわけですが、われわれの身の回りにあるものや、われわれ自身の存在は、さまざまな縁（条件）によって、次々に変わっていきます。

先ほど、学生の聴く態度によって、私の話の組み立てや、心の持ちようや、私自身がいかようにも変わっていく、とご説明しましたが、「私という不変なもの」がここにあるわけではなく、周囲からのいろいろなご縁をいただいて、私自身の存在や、思考が変わっているわけです。

このことは人間だけではなく、物にも同じようにいえると思います。

「われわれはすべて、いろいろな原因や条件によって、その結果として、あり方が変わっていく」

そういう意味では、われわれは堅いものではなく、柔らかな、しなやかな存在であると見ることができます。これが「縁起」とか、「空」ということではないでしょうか。

ですから、「空」とは、「何もない」ということではありません。「フレキシブルな存在」として見ていくということです。

「原因や条件が変われば、結果も変わる」ということは、「よい縁を数多く結べば、結果もよくなってくる」ということです。悪い縁ばかり結んでいたら、悪い状態になってくるのです。

これが、仏道を歩むという観点から考えた、「空」「無自性」「縁起」の大切なところです。

■華厳の縁起説

次に、三枝充悳先生と竹村牧男先生の、「華厳の縁起説」に関する箇所を引用します。これが、お互いに関係しあっている「相依関係の縁起」についての、いちばんの要《かなめ》になると思います。

［華厳の縁起説］

「この縁起説は、無自性―空にもとづいて、各々に本性を認めつつも、それら一切が互いに通じ合っているとし、それが無限に拡大して重重無尽にはたらき、しかもそれらの相依関係は継続していて、ここに無礙《むげ》（障碍のない）の世界の展開を果たす。これはまさに、ナーガールジュナの相依説を最大の規模にかつまた縦横自在に発展させた縁起説と称してよい」（三枝充悳、前掲書・二五頁）

「一つの事象は他の無数の事象と多種多様な関係をなし、無限の関係で関係し合っているという重々無尽の縁起を明かし、個々の事象が自由自在に交流浸透し合っているという事事無礙法界を説く、いかにもけんらんたる華麗なコスモロジーがここにある。ただし、そうした考え方の根本にあるのはやはり、存在は何一つとして自性（自体）をもたないということなのである」（竹村牧男、前掲書・一四三頁）

この説明に出てくる「無礙」というのは、「邪魔されることがない」という意味です。「重々無尽」というのは、「重々」は重なり合う、「無尽」は、尽きることがないということですから、お互いが関係しあっているそのさまが、一本や二本の線で結ばれている関係というだけではなく、無数の線で結ばれているといったイメージです。

■因陀羅網のたとえ

このような華厳経に見られる縁起観を、「因陀羅網《いんだらもう》のたとえ」でわかりやすく説明してみたいと思います。華厳の「重々無尽」、「お互いが無限に関係しあっている」ということを理解するうえで、よく取り上げられる比喩です。

「一つ一つの結び目に宝珠がつけられていて、数えきれないほどのそれらが光り輝き、互いに照らし映し合い、さらに映し合って限りなく照応反映する関係にある。それはすべての存在が重重無尽に交渉し合って相即相入《そうそくそうにゅう》（すべてのものは在り方としても、働きとしても互いに入りくんでいて、一体不離であること）することの喩えとして用いられる」（『岩波仏教辞典・第二版』「因陀羅網」の項）

因陀羅というのはインドラ神のことで、インドの神さまです。

その神さまの宮殿に、カーテンのように網がかかっていて、その網の結び目のところに、とてつもなく綺麗な宝石が、無数に縫い込まれています。その宝石の一つひとつは、とても綺麗な輝きを放っているのですが、その輝きをよく見てみると、その宝石自身の光だけで輝いているわけではなく、他の宝石の輝きを、すべて鏡のように映して収めとって輝きを増しているのです。

一つの宝石に注目してみると、その周囲の宝石の輝きを映しとって、輝きを幾倍にも増しています。さらに、また別の宝石に注目すれば、今度はその宝石に、周囲の宝石の輝きが映って輝きを増しています。互いにエンドレスに輝きを映し合い、輝きを増し合っているのです。

つまり、一つの宝石の輝きには、その宝石自身の輝きと、他の宝石から映しとった輝きとが融合していて、どこまでが自分の輝きで、どこまでが他の宝石からもらった輝きなのか、区別ができないのです。それほど、無数・無限に映し合い、輝かせ合っているのです。

すべての存在も、この因陀羅網のたとえのようなものではないかと思います。

私たちも、いろいろなところから、さまざまな輝き（これをご縁といってよいと思います）をいただきながら、なおかつ、周囲に輝き（ご縁）を与えながら、今ここにいるわけです。

ここにいること自体が、周囲のさまざまな輝きを、ご縁をいただいて、そして、また周囲に与えながら存在しているのです。それは、どこまでが自分の力や範囲であって、どこからが、人さまからいただいた輝き、ご縁なのか、区別はできません。すべてが複雑に、無限に関係し合っているということを「因陀羅網のたとえ」が教えてくれています。

ここで一つ大切なポイントがあります。確かに私がここに存在するということは、いろいろな輝き、ご縁をいただいているわけですが、そのいただいているご縁のすべてを、私が完全に把握することはできないということです。

私はいろいろなご縁の中に生かされていますが、そのご縁を私のちっぽけな頭ですべて把握することは、到底、無理な話なのです。

つまり自分が、「こういうご縁をいただいた」とわかる範囲のご縁は、本当に限られた範囲だけのものだと思います。実際には、想像もつかないくらいに、たくさんの無量のご縁を、気づかないようなご縁をいただいているのだと考えるべきでしょう。

●――死者という「ご縁」

最後に、「さまざまなご縁に生かされている」と考えた場合に、すでに亡くなられた方たちも、実は自分を支えてくれる、輝かせてくれる、大切な「ご縁」ではないかということに触れたいと思います。実は これが、私が最もお話ししたかったことでもあります。

さまざまな「ご縁」のおかげで、今の自分があるわけですが、その「ご縁」の中には、自分でも気づいていないご縁がたくさんあります。むしろそちらのほうが圧倒的に多いくらいです。気づいていないご縁の中には、目に見えないご縁もたくさんありますが、すでに亡くなられた方々、死者たちもいろいろな「ご縁」を与えてくださっています。このことにぜひ目を向けていただきたいと思うのです。現在の私たちの文明は、亡くなられた方々が遺《のこ》してくださったものの上に築かれていますし、私たちが習得する知識のほとんどは、すでに亡くなられた方々の営為があってこそのものです。私は武蔵野大学の教壇に立っていますが、本学にしても、草創期のころにご苦労された先人たちの遺産の上に今があるのです。

自分の直接のご先祖さまのおかげということは、もちろん忘れてはならないご縁ですが、それ以外の、自分に直接は関わりのなかったと思われるたくさんの亡き方々、その方々からいただいたご縁ということも考えていただきたいと思います。

亡き方々をどのように考えていくかは、個々の思想信条や宗教などによって異なるでしょうが、仏教、特に日本では、亡き方々を「仏になられた」と手を合わせてきました。

私はこの伝統は麗《うるわ》しいものであると思っています。なぜなら、亡き方々を仏として受け止めるということは、亡き方々が現代に生きる私たちの幸せをいつも願ってくださっているということに他なりません。

そして、私たちはその願いに応えて、感謝の人生を歩んでいけるのではないかと思うのです。

（二〇一五年三月五日講義より）

Buddhism
and
Awakening

［オムニバス仏教講座］
仏教と気づき
III

仏教の〈悟り（気づき）〉

Sato Hiroyuki
佐藤裕之

「悟り」という言葉は、サンスクリット語のbuddi（ブッディ）を翻訳したもので、「気づき」や「知」を意味しています。

仏教の開祖であるブッダが、三五歳で達した境地を示すために用いられました。

これと同じ境地は「解脱」という言葉でも示されます。

ここでは、「悟り（気づき）」と「解脱」とはいったいどのようなものであるのかを、「永遠性」という点から考えてみたいと思います。

仏教とは何か？

■日本人の生活に根付く仏教

「仏教」ということから何をイメージするでしょうか。

お寺、お坊さん、仏像、お葬式などが一般的にはイメージされるでしょう。確かに、これらは私たち日本人が生活している文化の中に「仏教」として根付いているものです。

しかし、これらは「仏教」そのものではありません。「仏教」に基づいているもの、「仏教」に関係しているもの、「仏教」が具体的なものとして現れたものになります。

お寺は「仏教」の施設・建物になるでしょうし、お坊さんは「仏教」を伝え、実践する人になるでしょう。そして、仏像は「仏教」で崇拝される対象でしょうし、お葬式は「仏教」の儀式になるでしょう。そして、これらを通して、私たちは「仏教」に触れ、「仏教」を知ることになります。これらは、あくまでも「仏教」を知るための手がかり・手段のようなものです。

それでは、「仏教」そのものとは何でしょうか。

宗教の一つですが、宗教には、キリスト教やイスラーム教、ヒンドゥー教や神道など、たくさんの宗教があります。「仏教」はこれらの宗教とはどのような点で異なっていて、「仏教」の特徴とは一体どこにあるのでしょうか。

■創唱宗教と自然宗教

たくさんの宗教を分類する一つの方法に、「創唱宗教《そうしょうしゅうきょう》」と「自然宗教」という分類方法があります。それぞれの特徴を考えてみましょう。

「創唱宗教」というのは、開祖がいる宗教のことで、キリスト教やイスラーム教になります。

一方、「自然宗教」とは、その名前からは「太陽などの自然界の要素や自然現象を崇拝する宗教」のようなイメージがありますが、そうではなく、自然に成立した宗教で、開祖がいない宗教のことです。ヒンドゥー教や神道が「自然宗教」になります。

つまり、開祖の有無によって、宗教が「創唱宗教」と「自然宗教」に分類されているのです。この分類に従えば、「仏教」は「創唱宗教」で、開祖がいる宗教になります。

この開祖がいるという点が、「仏教」そのものを理解するために重要になってきます。開祖の教え、それが「仏教」そのものになりますから、まず「仏教」の開祖について理解することが必要になります。

■仏教の特徴を表す仏陀

仏教の開祖は、さまざまな名前で呼ばれています。日本では、「釈尊」や「釈迦」や「お釈迦さま」という名前でよく知られていますが、この名前は仏教の開祖が生まれた「シャカ」という国名に由来するもので、彼の本来の名前ではありません。

また、「仏教」という名称が示しているように、「仏」が開祖の名前になりますが、「仏」という言葉は、日本では死者を意味することもありますので注意が必要です。仏教の開祖を示す場合の「仏」は、「仏陀（ブッダ）」という言葉を略したもので、一人の人間を示します。そして、この「仏陀」という言葉のもともとの意味が、仏教の特徴の一つを表していることになります。「仏陀」という言葉のもともとの意味を説明する前に、仏教と同じ創唱宗教である、キリスト教と、イスラーム教の開祖の名前のもともとの意味を見てみましょう。そうすることによって、「仏陀」という言葉の意味の特殊性がより明らかになってきます。

キリスト教の開祖はイエス・キリストという名前ですが、「イエス」という言葉のもともとの意味は「神は救う」ということです。また、「キリスト」という言葉のもともとの意味は「救世主」になります。このことから、キリスト教は「救世主の教え」であり、言葉の上からは、人々を救う宗教がキリスト教であると理解することができます。

一方、イスラーム教の「イスラーム」という言葉は「神への帰依」を意味しますので、開祖の名前ではありません。開祖はムハンマドという名前になりますが、この言葉のもともとの意味は「称えられる者」です。つまり、言葉の上からは、称えられる者によって、神への帰依を教える宗教がイスラーム教ということになります。

さて、「仏陀」という言葉のもともとの意味についてですが、それには少し厄介なことがありま す。漢字文化圏の中で育ってきた日本人にとって、「仏陀」という漢字は一般的ではありませんが、特に難しいものではありません。読み書きを覚えることにそれほど苦労はしないでしょう。

しかしながら、もともとの意味を考える場合、この「仏陀」という漢字からその意味を考えることはできません。なぜなら、この漢字はインドの古い言語であるサンスクリット語の「ブッダ」を音訳したものだからです。

音訳というのは、音を単に写して置き換えただけのもので、例えば、英語の radio を「ラジオ」とするのと同じです。この例で、「ラジオ」という日本語の言葉から「ラジオ」という言葉の意味を考えても無駄であることはおわかりいただけると思います。

「仏陀」という言葉も事情は同じですが、「仏陀」の場合には、この漢字からもともとの意味を強引に解釈することも行われています。

つまり、「仏陀」の「仏」は旧字で「佛」と書かれ、この漢字は「人」を示す人偏と否定を示す「弗」から構成され、「人ではない」という意味があるとしています。「人でない」というのは、「われわれと同じ人間ではない」という意味になります。

さらに、「佛」と同じ構成をもつ漢字の「沸」を参考にして、「人間ではあっても、われわれと同じ人間ではない」という意味があるとも解釈されます。「沸」は「水」を示す「さんずい」と「弗」から構成され、「水が熱せられてお湯になる」ことを意味しますが、水は水であっても、冷たい水とお湯には違いがあります。

この例に従い、「仏」という漢字のもともとの意味が解釈されるのです。ある程度は説得力のある解釈ですが、「仏陀」という言葉のもともとの意味としては正しいものではありません。

正しいもともとの意味は、サンスクリット語の「ブッダ」に遡って考える必要があります。この「ブッダ」という言葉のもともとの意味は、「悟った人（気づいた人）」というものになります。つまり、「仏教」とは言葉の上からは「悟った人の教え」「気づいた人の教え」になります。

言葉の上からであっても、「仏教」を理解するためには、この「悟った人（気づいた人）」を理解することが重要になってきますし、「悟り（気づき）」とはどのようなものなのかを理解することが重要になってきます。

また、仏陀が達した境地は、「解脱《げだつ》」という言葉で語られることもあります。仏陀は「悟りを獲得した人」であり、「解脱を獲得した人」になります。

従って、「解脱」の問題も含めて、これから、「悟り」について考えていくことにします。

●――シッダールタの生涯

■シャカ国の王子

「仏教」の開祖は仏陀という名前で知られていますが、実はこの名前は本来の名前というわけではありません。本来の名前はシッダールタでした。

「仏陀」という言葉はもともと「悟った人」を意味することを考えれば、悟りを獲得してから、仏陀になるのであって、それまでは仏陀でないことは容易に理解できると思います。

「悟りとはどのようなものであるか」を考える前に、シッダールタであった一人の人間が、どのようにして仏陀になり、仏教が成立したのかを見ていきましょう。

仏教の開祖は、今から約二五〇〇年前に、インドのシャカ国の国王であるシュッドーダナと、王妃マーヤーの間に長男として生まれました。誕生の地は現在のネパールのルンビニーというところですが、マーヤーの右腋から生まれ、生まれてからすぐに七歩歩いたという、空想的・神話的伝説も伝えられています。

母親のマーヤーはシッダールタを産んでから亡くなってしまい、マーヤーの妹であるマハー・プラジャーパティーがシッダールタを育てます。

国王の長男として生まれたということは、将来は国王になることが義務であり、地位も約束されていたことになります。しかし、生まれた後、アシタという仙人が占いをしたところ、「将来は出家するだろう」と告げたために、父親のシュッドーダナはそのことを恐れ、シッダールタのために季節ごとの豪華な宮殿を建て、何の不自由もなく、享楽に満ちた生活を送らせました。

一方で、老人や病人や死者などの人生の苦しい現実からシッダールタの目を遠ざけるために、老人らを城内の外に住まわせました。シッダールタはこのようにして育てられましたが、ある時、城内から出て、現実の世界を初めて見ることになります。

このエピソードは「四門出遊」として伝えられています。

■四門出遊

城内を囲む城壁には、東西南北の方向に四つの門があり、外の世界とつながっていました。シッダールタはそれぞれ四つの門を出てきます。

東の門を出ると、そこには苦しそうにしている老人がいました。

南の門を出ると、そこには苦しそうにしている病人がいました。

西の門を出ると、そこには悲しみにくれた人に囲まれ火葬場に運ばれていく死者がいました。シッダールタはこの時に初めて、人は老い、病気になり、最後は死んでしまうことを知りました。そして、自分も最後には死んでしまうこと、生きることは苦しみに満ちていることを知りました。

北の門を出ると、そこには出家者がいて、苦しみがない平穏な様子をしていました。

このような経験から、シッダールタは苦しみから解放されるために、その方法を求めようと考えます。自分に与えられた義務であり、約束されていた将来の国王という地位を棄てて、二九歳の時に、妻のヤショーダラーと息子のラーフラを城に残して出家しました。

出家したあと、ラジギールというところに向かい、アーラーラ・カーラーマとウッダカ・ラーマプッタという二人の仙人のもとで修行をします。

その修行方法は、主に心の持ち方をコントロールする瞑想でしたが、この方法では苦しみから解放されなかったために、シッダールタは二人の仙人のもとを離れ、現在のブッダガヤーの山に籠もり、五人の仲間と一緒に、呼吸の停止や断食などの厳しい苦行を行います。

苦しみから解放されるために、より多くの苦しみを自らに与え、苦しみを感じないような精神力を獲得しようとしたのでしょう。

シッダールタは6年もの間、厳しい苦行を続け、ほぼ皮と骨だけになってしまいますが、それでも苦しみから解放される方法が獲得できず、苦行をやめてしまいます。すると、苦行をやめたことで、一緒に苦行をしていた五人の仲間はシッダールタのもとを離れ、サールナートというところに行ってしまいます。

一人残されたシッダールタは、スジャーターという村の娘からもらったミルク粥で体力を回復し、菩提樹の下で瞑想し、ついに苦しみから解放される方法（真理）を獲得しました。


このことで、シッダールタは仏陀、つまり、悟った人（気づいた人）となったのです。彼が三五歳の時です。仏陀となったあと、一緒に苦行をしていた五人の仲間をサールナートに訪ね、初めて教えを説きました。仏陀になっただけでは、仏教は成立しませんが、教えを説くことによって、ここに仏教が成立します。

そのあと、説法を続け、多くの信者を獲得し、国王や資産家たちからも多くの寄進を受けます。また、妻のヤショーダラーと息子のラーフラも出家し、信者となりました。四五年間説法を続けますが、信者から出されたスーカラ・マッダヴァという食べ物にあたり、八〇歳の時にクシナガルというところで亡くなりました。

亡くなった後、仏陀の遺体は火葬され、遺骨と遺灰が分けられ、ストゥーパという塔が建てられました。その遺骨と遺灰は現在も残っています。

仏陀は何を悟ったのか？

悟りとは「真理」

仏陀の簡単な生涯について説明しましたが、彼は一体何を悟った（気づいた）のでしょうか。悟り（気づき）の内容はどんなものだったのでしょうか。いろいろな解釈が可能でしょう。また、そもそも悟りの内容とは、われわれにはわからないものかもしれません。

増谷文雄という研究者は、

「ブッダ・ゴータマが正覚《しょうがく》を成就し、悟ったその決定的瞬間のことは、とうてい立ち入ることができないであろう。おそらくは、ブッダ・ゴータマ自身すらも、その瞬間の心の微妙な動きを解明することはできなかったにちがいない」（筆者注：「ブッダ・ゴータマ」は仏陀のことで、「正覚を成就した」とは悟ったということ）

として、私たちがわからないだけでなく、仏陀自身もその内容がわからなかったのではないかと述べています。

どのように解釈しても、正しい解釈になるとは思いませんが、これからその解釈を順序だてて述べることにします。

まず、非常に大きな捉え方として、悟りの内容は、「真理」であると理解することができます。このような理解で十分なのかもしれませんが、このように理解するのであれば、当然、「真理は何か？」という疑問がわいてきます。

宗教では、「真理」という言葉がよく使われます。キリスト教でも「真理」という言葉を使いますし、イスラーム教でも「真理」という言葉を使います。しかしながら、それぞれの宗教が語る「真理」はけっして同じではありません。だからこそ宗教が異なっています。

従って、仏陀の悟りの内容を「真理」であると理解した場合、仏教における真理とは何であるかを考える必要があります。

■法と諦

少し難しくなりますが、仏教における真理は、「真理」と現代語に訳される「法（ダルマ）」と「諦（サトゥヤ）」という言葉を手がかりにして理解することができます。

最初の「法」については、この漢字から法律や法則などが連想されるでしょう。このような理解が間違っているわけではありませんが、「法」と漢訳されたサンスクリット語の「ダルマ」という語のもともとの意味は、「支えるもの」になります。

従って、法律や法則と理解される場合であっても、「支えるもの」というもともとの意味を考慮すれば、社会や人間生活を支えるものとしての「法律」であり、自然界を支えるものとしての

「法則」になります。

この「ダルマ」という語には、法律や法則という意味だけでなく、秩序や正義や善などの他の意味もあり、サンスクリット語の中では翻訳するのが最も難しい言葉の一つですが、「真理」という意味もあります。つまり、「真理」を「法」として考える場合、「支えるもの」としての「真理」ということになります。

次の「諦」という漢字の意味は「断念すること」が最も一般的ですが、この「諦」がサンスクリット語の「サトゥヤ」からの漢訳であることを考えれば、「諦」を「断念すること」と理解するのは完全に間違っています。

「諦」には「断念すること」以外に「明らかにすること」という意味もありますが、「サトゥヤ」という言葉のもともとの意味は「あること」で、「あるがままのこと」、「あたりまえのこと」も意味します。つまり、「諦」を「真理」と訳す場合であっても、それは「あるがままのこと」としての「真理」になります。

少し話がそれてしまいますが、インド独立の父といわれるマハトマ・ガンジー（一八六九－一九四八）はイギリスからの独立運動を「サトゥヤーグラハ（サトゥヤ・アーグラハ）」というスローガンを立てて、展開しました。このスローガンは「真理の把握（理解）」と現代語に訳されますが、ここで「真理」と訳されたのが「サトゥヤ」です。

つまり、「真理の把握（理解）」と訳されても、その意味は「《あるがままのこと》の把握（理解）」

ということになります。つまり、「《あるがままのこと》をその通りに把握（理解）しよう」ということです。

縁起と四諦

■縁起とは因縁生起

仏教における「真理」は、「法」と「諦」という二つの言葉で表され、それぞれ「《支えるもの》としての真理」と「《あるがままのこと》としての真理」になります。

そして、この二つの「真理」は、仏陀の生涯の中で、「悟りの内容」と「最初の説法の内容」というかたちで関係してきます。前者は「縁起」といわれるもので、後者は「四諦」といわれるものになります。

「縁起」という言葉自体は見慣れたもので、特に珍しい言葉ではありません。

例えば、「縁起がいい」とか「縁起が悪い」とか「縁起物」というように、「縁起」という言葉が使用されます。また、少し特殊になりますが、「〜寺縁起」というかたちで使用することもあります。

このように使用される「縁起」という言葉の意味を考えてみると、「縁起がいい」とか「縁起が悪い」とか「縁起物」といわれる場合には、「吉凶の兆し」になり、「〜寺縁起」といわれる場合には、「由来」になります。

そうすると、仏陀は「吉凶の兆し」や「由来」に悟ったのかというと、そうではありません。ここが仏教の非常に難しいところです。

言葉自体は同じであっても、仏教ではその意味が異なってくるのです。

では、仏陀が悟った「縁起」はどのような意味なのかというと、「縁起」という言葉は「因縁生起」を略したもので、「原因から生じること」という意味になります。少し補って説明すれば、「すべてのものごとは原因があって生じ、原因なしに生じるものはない」ということになります。

つまり、因果関係によってものごとを捉えるという「ものごとの見方」が「縁起」になるのです。真理というと、何か隠されているものを明らかにするような印象がありますが、「縁起」という真理はどこかに隠されているものではありません。

このことは、仏教の経典の中で、次のように述べられています。

「これ（縁起）がもろもろのものごとについての決まりである。仏たちが出現しても、出現しなくても、このことは決まっている。それは真理として確立し、真理として決定している」

■仏陀がいちばん伝えたかったこと

「四諦」は、仏陀が最初に説いた教え（説法）の内容です。仏陀はさまざま教えを説きましたが、いちばん最初に説いた教えが「四諦」といわれるものです。いちばん最初に説いたということは、いちばん重要なこと、仏陀がいちばん伝えたかったことになります。

その四諦は、「苦諦」「集諦」「滅諦」「道諦」の四つで、一般的には次のように説明されます。

「苦諦」とは、「苦しみという真実」で、生まれる苦しみ、老いる苦しみ、病気になる苦しみ、死ぬ苦しみなどのことです。

「集諦」とは、「原因という真実」で、苦しみの原因である欲望のことです。

「滅諦」とは、「滅するという真実」で、苦しみの原因である欲望がなくなった状態のことです。

最後の「道諦」とは、「方法という真実」で、苦しみの原因をなくす方法として「正しいものの見方（正見）など」になります。

ここで、「諦」が「真理」と現代語に訳される場合であっても、その真理は「〜があること」としての真理になります。

従って、苦諦は「苦しみがあること」、集諦は「苦しみの原因があること」、滅諦は「苦しみの原因がなくなること」、道諦は「苦しみの原因をなくす方法があること」になります。

ただし、具体的な苦しみの種類を教えることが仏陀の最初の説法の目的ではなく、「苦しみがあること」を教えることが、最初の説法の目的であったと思われます。

苦しみがあるといっても、仏陀は、「この世の中の一切が苦しみであって楽はない」と考えます。私たちは楽もあると考えていますが、その考えは間違いで、楽はなく「苦しみがあること」が真理になります。同じように、「苦しみの原因はない」という考えは間違いで、「苦しみの原因があること」が真理になります。

そして、「苦しみの原因がなくなることはない」という考えは間違いで、「苦しみの原因がなくなること」が真理になります。さらに、「苦しみの原因をなくす方法がない」という考えは間違いで、「苦しみの原因をなくす方法があること」が真理になります。

■真理とは「あるということ」

このことを「環境問題」と「戦争」を例にして説明すると、次のようになります。

まず、「環境問題」ですが、近年、異常気象が報告され、日本では四季を感じることも少なくなってきました。ですが、環境問題を切実な問題としては実感していないように思います。もし、切実な問題として実感しているなら、クーラーを使用することを止めるでしょうし、自動車にも乗らないはずです。従って、「環境問題はある」というように、正しく現実を知ることが「苦諦」になります。そして、環境問題の現実を知った上で、「環境問題の原因はある」と考えることが次の「集諦」になります。具体的な原因がわかったとしても、私たちは、「その原因はなくならず、環境問題は解決しない」と考えてしまうかもしれません。

確かに、環境問題が語られるようになったのは数十年前ですが、地球規模ではまだ解決はしていませんし、解決する見通しもありません。しかし、「環境問題はなくならない」という考えは間違いで、「環境問題はなくなる」というのが「滅諦」になります。

さらに、環境問題をなくそうとしても、「その方法は見つからず、方法はない」と考えてしまうかもしれません。しかし、このような考えは間違いで、「環境問題をなくす方法はある」というのが「道諦」になります。

次に、「戦争」ですが、少なくとも今の日本に戦争はありません。しかし、世界のどこかで戦争が起きています。

私たちは日本にいて、テレビのニュースや新聞などから、「どこかで戦争が起きている」ということを知ってはいても、当然ながら、戦争が起きていることを実感していないように思います。どこか遠くの別の世界の出来事であると考えているのではないでしょうか。

このような考えは間違いで、「戦争が起きている」と正しく知ることが「苦諦」になります。

そして、戦争の原因ですが、なぜ、戦争は起きるのでしょうか。さまざまな原因が考えられると思います。しかしながら、根本的な原因となるとわからなくなってしまうかもしれません。

しかし、根本的な原因がわからないからといって、原因がないわけではありません。原因は必ずあるはずです。つまり、「戦争の原因はある」というのが「苦諦」になります。

戦争の原因があるにしても、「その原因はなくならない。戦争はなくならない」と私たちは考えてしまうかもしれません。確かに、人間の歴史を振り返れば、常に世界のどこかで戦争があったでしょう。この世界から戦争がなくなることなどありえないことかもしれません。

しかし、仏陀であれば「戦争はなくなる」といいます。これが「滅諦」です。戦争がなくなると考えたとしても、その方法はあるのでしょうか。

仏陀は方法はあるといいます。それが「道諦」です。

■気づきとは「すでにあったもの」

環境問題や戦争の問題に取り組む時に、最も重要なのはそれらを解決するための具体的な方法です。具体的な方法がなければ、それらの問題は解決しません。この点に疑いはありません。

しかし、仏陀はこれらの問題を含めたあらゆる問題を解決するための方法を、「四諦」の教えで示したかったのでしょうか？

私はそのようには思いません。仏陀が示したかったのは、具体的な方法ではなく、それらの問題を解決する方法を見つけるための、「基本的な心構え」のようなものだったと思います。

つまり、解決する方法を見つけるためには、「苦しみがある（苦諦）」「苦しみの原因がある（集諦）」「苦しみはなくなる（滅諦）」「苦しみをなくす方法はある（道諦）」という考えを持たなければならないということになります。

縁起と四諦の二つが「真理」とされる場合であっても、重要なことはこの二つは「すでにあること」で、「仏陀が新しく作り出したものではない」という点です。

それはまさにすでにあったものに気づいたのであり、それが「気づき」になります。

解脱と輪廻

■「解脱」は「悟り」のための大きなヒント

ここまで、「悟り（気づき）」の内容は「真理」であり、その「真理」を「法（ダルマ）」と「諦（サトゥヤ）」という点から考え、さらに具体的な内容として「縁起」と「四諦」にして説明し、考えてきました。

次に取り上げる「解脱」という言葉には「気づき」という意味はありませんが、悟り（気づき）の内容を考える場合、「解脱」を取りあげて考えることも重要になります。

「解脱」は「悟り」を考えるための大きなヒントを与えてくれます。

「解脱」という言葉はサンスクリット語の「モークシャ」や「ムクティ」を意訳したもので、「解放」や「釈放」や「脱出」や「離脱」などを意味します。「解脱」という言葉には、宗教的な意味が込められ、宗教的術語としても使用されていますが、一般的に使用される場合もあり、例えば、囚人などを釈放したり、肩の荷を下ろしたりするような場合にも「モークシャ」や「ムクティ」

という言葉が使用されます。

つまり、何から解放されても、その状態が「モークシャ」や「ムクティ」になります。この言葉はこのようにも使用されますが、宗教的な文脈で使用される場合には、「何から解放されるのか」が問題になり、「解脱」という言葉が使用され、「何から解脱するのか」という問題になります。

この問題については、いろいろなことがいわれていますが、代表的なものとして、「苦しみ」「欲望（煩悩）」「輪廻」をあげることができます。

最初の二つは難しくはありませんので、最後の「輪廻」を説明します。「輪廻」とは死んでからまた生まれ変わることです。死んでも終わりにならず、生まれ変わるのであれば、それは望ましいことであると一般的に考えられるでしょう。「生まれ変わりたい」という願いを持つこともあるでしょう。しかしながら、インドで考えられた本来の「輪廻」はけっして望ましいものではありません。不思議なことに「生まれ変わりたい」という願いを人間は持たないと考えています。それは、生まれ変わって生きていくことは苦しみであると考えているからです。

地獄に生まれ変わるということであれば、それは苦しみであり、人間は地獄に生まれたいとは願いません。しかし、インドでは地獄だけでなく、どんな場所に、どんな状態で生まれたとしても、それは苦しみであると考えます。インドでも天国のように、神々が住む天界を考えますが、天界は楽がある場所というよりも、苦が少ない場所であると考えています。

従って、天界にも生まれたいと願うことはありません。それが「輪廻」に関する考えです。

何から解脱するにせよ、重要な点は、解脱することによってそれまでに持っていなかったようなものを獲得するのではなく、すでに持っているもの、すでにあることから解脱するという点にあります。この点は悟り（気づき）と共通しています。つまり、解脱もすでにあることに気づくのです。

始まりも終わりもない永遠の「解脱」

■「解脱」は永遠のもの

このような「解脱」について興味深いのは、解脱が永遠であるとされている点にあります。

インドでは、「何のために生きるのか？」という人生の目的として、富（財産）・愛（美）・善（社会的義務）・解脱の四つをあげることがあり、これらの中で、最後の解脱こそが人生の最高の目的とされますが、それは「解脱」というものが永遠だからです。

つまり、解脱には終わりがなく、解脱した人は、苦しむことも、欲望（煩悩）を持つことも、輪廻することもないと考えられているのです。「解脱」については、その定義についてさまざまな解釈がありますし、「解脱」を獲得する方法についてもさまざまな考え方がありますが、「解脱」は永遠のものであり、解脱した人が再び苦しむというようなことは誰も考えていません。

「『解脱すれば苦は全くない』ということは、すべての人が考えていることであり、このことは解脱を論じるすべての人の間で一致している」と述べられています。

「解脱」が永遠であり、永遠が「終わりがないこと」だけを意味するのであれば、特に問題はありません。しかしながら、仏教において、永遠であることは単に「終わりがないこと」だけを意味するのではありません。この点が非常に重要で、難しい点になってきます。

■「始まり」と「終わり」

仏教には「常住」という言葉があり、この言葉が永遠を意味すると一般的には理解されます。一般的にはこのように理解されますが、「常住」という漢字をよく見ると、「常に住む」、つまり「常にある」ということとなります。「常に」という点が重要で、単に「終わりがないこと」だけを意味するのではなく、「始まりもないこと」も意味します。「始まりも終わりもなく、常にあること」、それが常住になります。

このような考えの背景にあるのは、「始まりがあるものには、必ず終わりがある」という「無常」の考えです。始まりがあって、終わりがないものはないのです。生まれた者は必ず死んでしまい、生まれた者が死なないことはないということになります。そして、生まれない者は死なないことになります。解脱は永遠なものですが、その永遠とは「終わりがない」だけでなく、「始まりもない」ことになります。

つまり、解脱には始まりもないということは、解脱というものが苦しみがなくなることであるなら、もともと苦しんではいないことになり、欲望（煩悩）がなくなることであるなら、もともと欲望（煩悩）はないことになり、輪廻しないことであれば、もともと輪廻してはいないことになります。

言い方を換えれば、すでに解脱していることになるので、ある時点で苦しみがなくなることなどありえないし、ある時点で欲望（煩悩）がなくなることもありえないし、ある時点で輪廻しないこともありえないことになります。

従って、解脱していない者が解脱することなどもありえないことになります。

全く苦しみがないか、苦しみ続けるだけであり、苦しんでいる人が苦しみから解放されることなく、「輪廻しない」ということもありえない。輪廻など全くないか、輪廻を繰り返すだけになります。つまり、解脱が永遠のものであるなら、解脱することはできないことになります。

■すでに悟っている？　全く悟れない？

「解脱」ということで永遠性の問題を述べてきましたが、「悟り（気づき）」についても同じです。「悟り（気づき）」も永遠であり、始まりもなく終わりもないことになり、ある時点で悟るということもありません。すでに悟っている（気づいている）か、全く悟れない（気づかない）ことになります。

このような考えは、すでに決まっているという考えになり、努力は無駄であるという宿命論や運命論になってしまいます。仏教では、どんなに努力しても悟りや解脱の可能性が全くない人を考え、そのような人たちを「一闡提《いっせんだい》（断善根）」と呼ぶことがあります。

また、逆に、既に悟っているとか、解脱しているという考えが、もともとは清らかであるという「自性清浄」や「本覚」という言葉でいわれています。

このような考えは、悟りや解脱は永遠であり、悟りの解脱には始めも終わりもないと考える以上、当然の結果として導かれることになります。

悟りと気づき

■悟りのための努力は無意味？

ここまで、仏教の開祖は仏陀であり、その言葉のもともとの意味は「悟った（気づいた）人」を意味することから、生涯を述べ、そして、悟った（気づいた）内容である真理として、「法（ダルマ）」と「諦（サトゥヤ）」、および「縁起」と「四諦」についても述べてきました。

さらに、「悟り」と同じ境地を示す「解脱」という言葉の意味を述べ、それが永遠であり、永遠は「始めも終わりもないこと」を意味することも述べました。

その結果、「悟り」や「解脱」はすでに決まっていて、悟っていない人や解脱していない人が悟りや解脱を獲得することはない、ということも述べました。

このようなことになると、非常に大きな問題が生じてきます。
その問題については、ダルマラージャという人が『ヴェーダーンタ・パリバーシャー』という本の中で、

「始まりがないなら、すでに解脱は達成されていることになるから、解脱を目指して、聖典を学習すること等が説明できない。すなわち、聖典の学習等は無意味になってしまう」

と述べています。つまり、悟りや解脱を獲得するための努力（修行）が無意味になってしまうというのです。

努力して、悟りや解脱を獲得するなら、その時点から悟った（気づいた）人や解脱した人になり、始まりがあるということになります。しかし、始まりがないのであれば、すでに解脱していることになるので、努力（修行）は無意味になってしまいます。努力（修行）が無意味であるなら、仏教の教え自体に意味がなくなってしまい、仏教が否定されることになってしまうでしょう。

しかしながら、仏教の教えが無意味になり、否定されることがあってはなりませんので、この問題を解決しなければなりません。

■「仏教の教え」は正しい理解のための手段

この問題を解決するために、先にあげたダルマラージャという人は同じ本の中で、

「解脱はすでに達成されている。しかし、『解脱していない』という誤った理解があるから、解脱の手段（＝聖典の学習等）には意味がある」

と説明しています。つまり、悟りや解脱の獲得のために、手段である仏教の教えがあるのではなく、「悟っていない（気づいていない）」「解脱していない」と誤って理解しているから、その誤った理解を取り除くために、手段である仏教の教えがあるというのです。言い換えれば、「悟っている」「解脱している」と正しく理解するために、手段である仏教の教えがあるというのです。

このように考えることによって、仏教の教えには意味があるとするのであれば、あらためて、「何を悟ったのか？」という悟りの内容の問題を考えてみる必要があります。

「真理を悟る」ということで、「真理」の内容を「法」や「縁起」などであると説明してきましたが、その「真理」の内容は「すでに悟っていた」ということであるかもしれません。

解脱が苦しみからの解放であるということでいえば、「苦しい、苦しい」とずっと感じていても、「苦しくはなかった」「もともと苦しんではいない」ということがその内容であるかもしれません。「悟り」の内容も同じであると考えられますし、仏陀はそのことを悟り、仏教はそのことを教え

ようとしているのかもしれません。

気づいていることに気づく

■「覚悟」は仏教の教えの本質

最後に、このような考えを表していると解釈できる言葉を紹介します。

それは「断念」を意味する「覚悟」という言葉です。

「覚悟」は「覚」と「悟」から構成される熟語で、それぞれの意味は同じになります。同じ意味の漢字を繰り返すことで、意味が強調されていることになります。これが一般的で、正しい解釈でしょう。

しかし、この熟語を見ていると「悟の覚」と解釈することもできるように思います。つまり、「覚」と「悟」は同じく「気づく」という意味になりますので、「悟の覚」と解釈した場合、「気づいていることに気づく」という意味になります。

このように解釈するのであれば、「覚悟」という言葉に、仏教の教えの本質があるということもできるでしょう。

（二〇一五年三月二六日講義をもとに寄稿）

Buddhism
and
Awakening

［オムニバス仏教講座］
仏教と気づき
IV

〈悟り〉の智慧、智慧の〈信心〉

Oyama Ichigyo
小山一行

釈迦族《しゃかぞく》の王子として生まれた釈尊《しゃくそん》が、王宮の生活を捨て、修行の旅に出て菩提樹の下で得られた「悟り」の智慧は、自己と世界の「真実」に目覚めた「気づき」でした。

その智慧の内容を、「信心」として明らかにしたのが親鸞聖人の教えです。

釈尊の「悟り」と親鸞聖人の「信心」が、「気づき」というキーワードで連なることを考えてみたいと思います。

日本仏教の課題

■神か？ 仏か？

日本に仏教が伝来して、今日までにおよそ一五〇〇年が経《た》っています。資料によって微妙な違いがありますが、だいたい六世紀の半ばごろに、仏教は朝鮮半島の百済《くだら》という国から日本に伝来したといわれています。

『日本書紀』の記述によれば、百済の聖明王《せいめいおう》という王さまが、日本の欽明天皇に対して使いをつかわして、金色に輝く釈迦牟尼《しゃかむに》仏像と、経典や仏具を差し上げたとされています。それがいわゆる、公《おおやけ》の形での仏教伝来です。そのときに、外国からやってきた仏教を国内に「取り入れるべき」か、「そんなものは必要ないと考えるべき」か、天皇に仕える家来たちの間で論争があったと、『日本書紀』に記されています。

「隣の国も拝んでいるんだから、私たちも拝みましょう、崇拝いたしましょう」という意見を、「崇仏《すうぶつ》」といいました。それに対して、「仏教なんかいらない」と排斥する立場、それが「排仏《はいぶつ》」です。ところが、『日本書紀』の記録では、崇仏派も、廃仏派も、仏さまのことを、「蕃神《ばんしん》」と呼び、「隣の国の神さまが来た」という表現をしています。仏さまのことを「私たちが拝んでいる神さまと同じようなもの」と、捉えていたのです。

「日本の神さまとは違って、ピカピカ光って、変な格好をしているけれど、きっと同じ神さまなのだろう」と思ったのではないでしょうか。

つまり、「仏とは何か」ということを、深く理解した上で議論しているのではなく、「自分たちが拝んでいる神々と、朝鮮半島から伝えられた仏というものは、たいした違いはない」と考えて、本質的な違いの意識がないままに、「受け入れるべきか？　否か？」という議論をしていたようです。結果的には、崇仏派の勢力が強く、仏教は日本に取り入れられました。

以来一五〇〇年経って、いろいろな日本の仏教の宗派が成立し、どこへ行ってもお寺の甍《いらか》がそびえるようになりました。

■日本に仏教は根付いている？

仏教伝来以来、一五〇〇年ほど経っていますが、「はたして本当の意味で、仏教が日本に根付いているのだろうか？」と、私はいつも疑問に思っています。

仏教を積極的に取り入れた日本は、天皇の命令によって、奈良にたくさんのお寺が造られました。仏教は国家的に重用されていきましたが、その中身は、それまで自分たちが日本の神々を祀《まつ》って拝んできたことと、内容的にはほとんど違いがなかったように思います。

例えば古代の日本では、日照りが続くと、水の神さまを祀って、「雨降れ！　雨降れ！」と、雨乞いの祈りをしていました。ところが仏教が入ってきた後も、燦然《さんぜん》と輝く仏像を安置して、お経をとなえて、やはり「雨降れ！　雨降れ！」とやっていたのです。

「日照りが続くと困る」「台風が来ると困る」「無病息災、家内安全、商売繁盛を祈る」といった自分たちの日常的な願望を叶えてもらうために、仏さまに向かってお祈りをして拝む……、ということが日本全体に広まっていきました。

このように日本人は、自分たちが仏教伝来以前から拝んでいた神々と、新しく伝えられた仏教の仏さまとの、本質的な違いをほとんど意識しないままに、「神でも仏でも似たようなもの」という意識で、あるいは同居したような意識で受け入れてきました。

これを「神仏習合《しんぶつしゅうごう》」といいます。習合というのは、「ゴチャまぜになっている」「同居している」「境目がはっきりしない」といったことですが、はっきりとした線引きのないままに、受け入れられてきたことは確かなようです。

何かよいことがあると、「神仏のおかげにより……」などといいますが、神と仏はいつもワンセットに考えられています。また、逆に何か悪いことがあると、「神も仏もあるものか！」といいます。

やはり、日本では神も仏もごちゃまぜのようです。

■混在する神・仏・God

ところが仏教を勉強すると、仏教伝来以前から日本人が拝んできた神々と、海の向こうからやってきた「仏さま」という概念は、かなり異質なものであることがわかります。

日本人が昔から拝んできたものは、いわゆる「火の神」「水の神」「山の神」です。日本人は稲作民族で、「稲は人間の力だけでは実らない」と思っていました。大地や、雨、太陽などの、自然のさまざまな働きすべてを神々として祀り、豊作を祈りました。

また、自分たちのご先祖さまも神として祀っています。皇室の祖先は伊勢神宮に祀られた天《あま》照大神《てらすおおみかみ》であり、藤原氏の祖先は天児屋根命《あめのこやねのみこと》です。氏《うじ》といいますが、血族、血縁の共同体の、その祖先を神として祀っています。あるいは縁結びの神とか、芸能の神もあります。そういったさまざまな、「日常生活の機能を司《つかさど》る働き」を、神として祀っているのです。

これらは、「自然神」「祖先神」「機能神」と言い換えてみてもいいかもしれません。

「自分たちの周りにはさまざまな神さまがいる」と考え、神を祀り、お祭りを行って、お祈りをします。それによって、私たちの日常生活が豊かに、平穏に過ぎていく……。日本の宗教はそんなタイプのものでした。ところが一六世紀くらいに、ヨーロッパの「宣教師」と呼ばれる方々が日本に来て、その後広まっていったのがキリスト教でした。

このところニュースで世界中で話題になっているイスラム教も、キリスト教と同じく、その源流を辿るとユダヤ教にたどり着きます。そのユダヤ教の聖典の、『旧約聖書』に記されている神は、また違ったものなのです。

英語で「God」とされるものを、日本では「神」と翻訳しました。このために、「水の神」「火の神」「山の神」といった日本古来の神々と、違いがよくわからなくなってしまったのです。

この『旧約聖書』のGodは、天地の創造の前から存在する、いわば絶対的な唯一神です。その唯一なる神が、光と闇を分かち、天と地を分かち、その地面の土をこねて、アダムを創り、アダムのあばら骨を取ってイヴを創った……、とされています。

天地万物、この宇宙全体は、Godによる創造の産物とされているのです。人間はGodによって創られたもので、その唯一神の命ずるままに生きていくのが、人間の生きる道とされています。そして、その道に反したものは、「罪人として罰せられる」ということになっています。

日本では、このGodを同じ「神」という言葉を使っていますが、向こうの神は創造主であり、絶対的な唯一神であって、「人間の生活を超越した、人間のあるべき道を指し示す審判者」といったイメージです。ところが「仏」というものは、天地の創り主のGodでもなければ、日本古来の火の神、水の神でもなく、「商売繁盛などを祈る」というものでもありません。

この「仏」という言葉のいちばん最初の意味は、「目覚めたお方」というものです。

そして、「目覚めたお方に出会って、私たちもその教えを学んで、目覚めて生きる身になろう」という、そんな存在が「仏」なのです。

いわば、私たち人間の至るべき理想像、それが仏陀であり、仏さまなのです。

■仏教の独自性

「仏陀《ブッダ》（Buddha）」とは、「目覚めたお方」という意味ですから、中国の人たちはそれを翻訳して「覚者」と訳しました。

では仏陀は、何に目覚めたのでしょうか？

それは、この世界の本当の姿であり、真実であり、真理についてです。いろいろな言い方をしますが、この仏陀の目覚めの内容を、「ダンマ（Dhamma）」といいます。この言葉はインドの古い言葉でパーリ語です。このダンマを、中国では「法」と訳し、さらにブッダを「仏」、サンガを「僧」と訳しました。仏教では、この「仏・法・僧」の三つを宝として大切にしています。


「仏《ぶつ》に帰依《きえ》したてまつる。法に帰依したてまつる。僧に帰依したてまつる」

これを「三帰依《さんきえ》」といいます。

今から約二五〇〇年前（紀元前の五世紀ごろ）、インドの北の地方に住んでいた、釈迦《シャカ》族という部族国家の王子として生まれたのが、お釈迦さまです。王宮の中で、王子さまとしてあがめられ、贅沢三昧の生活を送っていました。

しかしそれでも、「人生は虚しい」と感じ、ついに王宮の生活を捨てて、修行の旅に出ます。そうしてその六年後に、菩提樹の下で深い目覚めを体験し、「仏陀」となりました。

そしてその目覚めの内容を、仏陀は三五歳から八〇歳で亡くなるまでの四五年間、インドを歩きながら人々に説かれました。それが仏教の教えとなって、今に残ったのです。

仏さまは、智慧を完成され、真実を見る眼《まなこ》を得られました。それは天地の創造の話でもなければ、人間の善悪を審判する裁判官でもありません。ましてや、「天地自然を神として祀って、豊作を祈る」というような対象でもありません。

「目覚めたお方の、目覚めた内容を学んで、私たちも目覚めよう」という、「道」として説かれたのが、仏教というものなのです。

仏教が日本に伝来して、すでに一五〇〇年も経っているのに、これまで神も仏も同居したような形で、受け入れられてきたように思います。そこが日本の仏教について、今後考えなければならない課題ではないでしょうか？

宗教にはそれぞれの独自性というものがあるのに、「十把一絡《じっぱひとから》げ」にして、あいまいなままに受け入れるということでは、やはりその特徴がはっきりしないように思います。

詠んだ人のわからない昔の古い歌に、このような歌があります。

「分け登る麓《ふもと》の道は多けれど、おなじ高嶺《たかね》の月を見るかな」

山に登るのには、麓から登っていく道がいくつもあります。ところが、「頂上に登って見る月は、結局は同じ月を見るのだ」という歌で、「宗教もこの歌と同様だ」という意見があります。「宗教というものは、キリスト教であろうが、仏教であろうが、神さまであろうが、観音様であろうが、天神様であろうが、最終的にはたいした違いはない」

ということのようです。

しかし、私はそれは違うと思います。同じ麓からの道でも、途中で終わってしまう道もあるかもしれません。あるいは、そもそも登ろうとしている山が違うかもしれません。

もちろん、宗教である以上、キリスト教であろうが、仏教であろうが、イスラム教であろうが、宗教として共通するものもあるでしょう。しかし、同時にそれぞれの宗教の特徴、独自性を考えてみることがとても大事だと私は思います。

■宗派仏教の功罪

日本の仏教はかなり宗派性が強いようです。

法華宗の方は日蓮聖人を、禅宗の方は道元禅師を、浄土宗では法然上人を、浄土真宗は親鸞聖人を、それぞれの宗祖としてとても大切にしています。

「禅宗と浄土教は違う！」「法華宗と浄土宗は違う！」というような、他の宗派とは違う面を強調します。ところが、その宗派の違いを強調するばかりですと、「仏教としての根源的なものは、どこにあるのか？」ということが次第に忘れられてしまいます。

釈尊によって説かれた仏教の根源は、禅宗であろうが、法華宗であろうが、浄土真宗であろうが、何か一貫する共通なものがあるはずです。

「一般の仏教ではそうかもしれませんが、ウチの宗派では違います」とばかりいっていると、逆に、「あの宗派は仏教じゃないのか？」と思われることにもなりかねません。

●――釈尊の「悟り」からはじまる仏教

■仏〈如来〉の十号

まず、仏教がいちばん大事にしなければならないのは、「釈尊は目覚めたお方である」ということです。

釈迦族の王子として生まれた方が、修行を始めて六年後、菩提樹の下で、宗教的な体験をされた。その目覚めの体験を人々に話して聞かせたところ、その教えを聴いた当時の人たちが、「ああ、この方は目覚めておられる」と感じて、仏陀《ブッダ》と呼びました。これが仏教の始まりです。

古いインドの言葉には、パーリ語のほかにサンスクリット語がありますが、このどちらも、「目覚めた人」を、「仏陀（Buddha）」と呼びます。

「目覚めた人」には、「仏陀」以外にも呼び名があります。

古いパーリ語で書かれた『ディーガ・ニカーヤ（Dīgha-nikāya）』という経典（一般には『長部《ちょうぶ》経《きょう》典《てん》』と訳しています）では、釈尊についての呼び名が並んでいます。


「ここに、如来が世間において出現しています。（彼は）阿羅漢《あらかん》であり、正遍知《しょうへんち》であり、明行《みょうぎょう》足《そく》であり、善逝《ぜんぜい》であり、世間解《せけんげ》であり、無上士《むじょうし》であり、調御丈夫《ちょうぎょじょうぶ》であり、天人師《てんにんし》であり、仏《ぶっ》であり、世尊であります」（石飛道子訳『長部経典』「沙門果経」）

数えると一一個あります。昔から、「仏の十号」、あるいは「如来の十号」というように言い習わしていますが、ここでは一一個あります。「一一個あるのに十号とは変じゃないか？」と思われるかもしれませんが、「仏《ぶっ》のほかに一〇個ある」という意味でしょう。あるいは「仏と世尊というのを一つとして数える」という説もあります。
いずれにしても、古来から当時の人々が、「釈尊をそのように呼んだ」という呼び名です。

［1］如来　Tathāgata
［2］阿羅漢〈応供〉Arahant
［3］正遍知　Sammāsambuddha
［4］明行足　Vijjācaraṇasampanna
［5］善逝　Sugata
［6］世間解　Lokavidū
［7］無上士　Anuttara
［8］調御丈夫　Purisadammasārathi
［9］天人師　Satthā devamanussānaṃ
［10］仏　Buddha
［11］世尊　Bhagavant

「如来」は、もとの言葉を「タターガタ（Tathāgata）」といいますが、「タター（Tathā）」というのは「如《にょ》・真実・このように」という意味です。そして「ガタ（gata）」というのは「去《い》った」という意味です。英語でいう「go」です。そこから「去った者」という意味になります。「このように去った」とは、「成すべきことを成して、一つの高い境地に到達した」という意味のようです。

この「タターガタ」ですが、「タター・アーガタ（Tathā-āgata）」と読む場合もあります。この「アー（ā）」がついて「アーガタ」となると逆の意味になります。「去った者」ではなく「来た者」という意味です。

・タター・ガタ（Tathā-gata）　去った者＝修行完成者
・タター・アーガタ（Tathā-āgata）　如〈真実〉から来た者

「タター」、つまり「如」というのは「真実」です。「物事が、そのようになっている」ということです（「〜の如し」というのと同じです）。

「如の世界へ到達した」＝「そのようになっている世界へ到達した」というお方が、「タターガタ」なのです。ですから、本当は漢字に訳すなら「如去《にょこ》」とするべきです。「ガタ」というのは「去《い》った」ということですから。ところが漢文の経典では、昔から「如来」と訳しています。

「来」というのは「去《い》った」のではなくて「来た」という意味ですから、逆のような気もしますが、「その真実なる世界を、私たちに知らしめるために現れ出た」という意味になります。

つまり、如来という名前の中には、修行を成就して「去った者」、そして、人々を救うために「来た者」という、二つの意味が含まれていることになります。

私たち凡夫には、物事の真実の姿が見えていないといいます。例えばここに机があるとします。机は誰にでも見えるものですよね？

ところが、これは私たちが勝手に「机だ」と思い込んでいるにすぎません。もし、その机の中に白アリがいたとすると、その白アリにとっては、机は「食糧」であり、「家」になります。

ですから、私たちが、「これは机だ」とか、「これは私だ」とか思って見ている世界は、自分の尺度で見ているにすぎません。森羅万象、この世界の本当の姿が見えていないということなのです。そして、その「真《まこと》」なる世界に目覚めたお方が仏陀なのです。

私たちは、半分眠りかけたような状態で、本当の真実の世界を知らずに、ウロウロと迷いながら人生を生きている……。当時のインドの人々はそう感じていたのでしょう。

そこで、「真実に目覚めたお方」として釈尊を敬い、仏陀と呼んだのです。

その仏陀の呼び名が、あるときは「如来」と呼ばれ、あるときは「阿羅漢《あらかん》」と呼ばれました。「阿羅漢」という字は、パーリ語の発音を写したものです。「アラハント」というのがもともとの言葉で、意味は「応供《おうぐ》」と訳します。応供というのは、「お供え物をするのにふさわしい」という意味です。つまり、「目覚めたお方の尊い姿を見ていると、なにかして差し上げたくなる」

ということです。

釈尊が菩提樹の下に坐《すわ》っているのを見て、「猿が蜂蜜を差し上げた」という話が経典に出てきます。これは、「猿が蜂蜜を差し上げたくなるようなお方だった」ということでしょう。

「正遍知《しょうへんち》」は、「あらゆることを正しく知り尽くしたお方」ということです。

「明行足《みょうぎょうそく》」の行は「行い」ということで、明は「智慧」のことです。足は「足りていて満足」ということですから、「真実を見る智慧を獲得して、それを実践しておられるお方」ということになります。

「善逝《ぜんぜい》」は、スガタ（Sugata）といいますが、「Su」というのは「善い」ということです。「gata」は「去《い》った」ということですから、「善いところに逝《い》った」、つまり、「素晴らしい境地に到達した人」ということです。

「世間解《せけんげ》」のローカ（Loka）とは「世間」であり、ヴィドゥ（vidū）というのは「知っている」ということです。「世間のことをよく知っている、わかっている」という意味になります。

「無上士《むじょうし》」は字の通り、「この上のない、最高のお方」という意味で、「アヌッタラ（Anuttara）」といいます。

「調御丈夫《ちょうぎょじょうぶ》」の「丈夫」というのは人のことで、「調御」は「コントロールする（御《ぎょ》する）」ということですから、「人々を導く能力を持った方」という意味になります。

「天人師」の「天」は神々のことです。帝釈天、毘沙門天、弁財天というように、インドの神さまのことはすべて「天」と訳します。つまり、「神々と人々の先生となるべきお方、天人の師」ということで、「神々でさえも、釈尊の説法を聴こうとしている」という捉え方から出た言葉です。

そして、「仏」はすでに繰り返しましたように、「仏陀（目覚めた人）」であり、最後の「世尊」はバガヴァント（Bhagavant）の訳です。バガ（Bhaga）は、「福徳」、「幸い」のことであり、ヴァント（vant）は、それを「持っている」という意味ですから、原語の意味は、「幸いある人」ということになります。それを中国では、「世尊」（世における尊い方）と訳したのです。

仏陀のさまざまな呼び名について説明しましたが、「天地創造の主」だとか、「罪に対して罰を与える方」とか、「われわれを超越した、超能力を持った、絶対的な存在」といったような扱いではありません。あくまでも、「人間が到達すべき理想の姿」であり、「真実を見極めて、それを実践している方」なのです。

「仏陀」とは、日本人が考えてきたような神々でもなければ、『旧約聖書』の天地創造の主という存在でもありません。いわば、「到達すべき理想像」として、「仏陀」と呼んでいます。

そして仏陀の「目覚め」というものが、「ダンマ（Dhamma）＝真実」ということなのです。

Buddha　覚者＝仏
Dhamma　法＝真実

「悟り」とは何か

■万人に普遍的な法

さて、お釈迦さまが悟った「目覚め」とは何だったのでしょうか？

『相応部経典』（『サンユッタ・ニカーヤ』というパーリ語で書かれた古い経典）の中にこんなことが書かれています。

「以前にまだ聞かれなかった諸法において（pubbe anussutesu dhammesu）、わたしに眼《まなこ》（cakkhu）が生じ、智（ñāṇa）が生じ、慧（paññā）が生じ、明《みょう》（vijjā）が生じ、光（āloka）が生じた」（玉城康四郎訳『相応部経典』）

「以前にまだ聞かれなかった諸法」とは、「未だ誰も見ることのなかった、本当の世界のありさま」ということです。この世界の本当のあるがままの姿を見る「眼《まなこ》」が開かれ、それがいわゆる「智慧」であるとしています。ここでは「智」と「慧」が分けられていますが、もともとのパーリ語が、それぞれ違う言葉であることから分けています。

「ニャーナ（ñāṇa）」というのが「知る」ということですが、知るといっても、単なる知識ではありません。パーリ語で「パンニャー（paññā）」（サンスクリット語ではプラジュニャー〔prajñā〕）と一つにして「智慧」と訳されます。

釈尊が「悟りをひらいた」というのは、神秘的な超能力を獲得したということではありません。「今まで見えていなかったものが、見えるようになった」として、「眼がひらけた」といっているのです。それを「明」といいます。「明」の反対は「暗」ですが、

「今まで私たちは闇の中にいて、本当の自分というものが見えていなかった。本当の世界のありさまが見えていなかった。その闇が破られて『光』が射した。『明が生じた』『光が生じた』」

と、パーリ語で書かれた経典に出てきます。

また、同じような表現が、『長部経典』（『ディーガ・ニカーヤ』）の中の『大般涅槃経《だいはつねはんぎょう》』という経典にも出てきます。釈尊が八〇歳で亡くなる最期の姿を記録した伝記のような経典ですが、これを中村元先生が翻訳をされて、『ブッダ最期の旅』（岩波文庫）としてまとめられています。ここでは玉城康四郎先生の訳でご説明します。


「世尊によってよく説かれた法（dhamma）は、現に経験されるもの（sandiṭṭhika）であり、即時にあらわれるもの（akālika）であり、いざ見よというもの（ehi-passika）であり、（涅槃に）導くもの（opanayika）であり、それぞれ智者（viññū）によって知らるべきもの（veditabba）である」

（同上『長部経典』「大般涅槃経」）

釈尊によって説かれた「法・ダンマ（dhamma）」は、釈尊にしか見えないような特別なものではありません。それは、「すべての人によって、現に経験されるものであって、即時に現れるものであって、『いざ見よ』というべきものであって、人々を悟りに導くものであり、それぞれ智者によって知られるべきものである」と書いてあります。

「私たちは凡夫だから、その内容はとうてい知ることのできないものだ」と、釈尊を特別視して捉えてしまうと、釈尊は「特別な、超越的な存在」になってしまいます。釈尊が菩提樹の下で目覚められた内容は、「誰にでも見ることのできる、万人にひらかれた真実」なのです。「誰もが容易に理解できる『真実』というものが、釈尊によって明らかになった」という考え方が、明確に示されているのです。

これが仏教の、とても大切な独自性で、ほかの宗教と最も違うところではないでしょうか。

■天啓型宗教ではない

例えばユダヤ教に始まり、キリスト教やイスラム教に受け継がれていったタイプの宗教を、「天啓宗教」といいます。天上の神であるGodが、天の啓示として人間に向かって示している宗教です。この場合、天というのは「超越者」という意味です。

「人間を超越した絶対的な存在である天が、人間のあるべき道を命令する」

このような形で、『旧約聖書』も『コーラン』も、『新約聖書』も説かれています。

もちろん私は、ほかの宗教のことをとやかくいうつもりはありませんし、優劣をつけようとしているわけでもありません。独自性、特徴を明らかにするために、対照的にご説明しているだけです。「人間のあるべき道は、その創り主である神からの命令として降りてくる」という考え方と、「自ら菩提樹の下で体験した、目覚めの経験を人々に語ろうとする」という考え方の違いです。

ここで、『相応部経典』という別の経典を、増谷文雄先生の訳でご紹介しましょう。

「私は、過去の正覚者たちのたどった古道・古径《こけい》を発見したのである」（増谷文雄訳『相応部経典』「ナガラ（都城）」）

正覚者というのは、「目覚めた人（仏陀）」です。

「私は過去の仏陀が目覚めた道を見いだしたのだ」という表現がされています。つまり、仏陀とは釈尊お一人ではありません。仏教の「真なる世界、真実なる法」とは、釈尊だけの独占ではなく、「過去にも、目覚めた人が、たくさんいたはずだ」としています。

「過去の仏陀が目覚めた道を、私も見いだしたのだ。『ここに道がある。あなた方も来てみなさい』と、過去の仏陀たちがいっている。それが仏教の教えだ」としています。

「仏教を学ぶ」といいますと、「なにか特別な教えがどこかにあって、それを研究する」というイメージがあるかもしれませんが、釈尊は、そんなことをおっしゃってはいません。

中村元先生訳の、『ブッダのことば（『スッタ・ニパータ』）』（岩波文庫）では、釈尊の言葉として、このような表現が出てきます。

「マーガンディヤよ。『わたくしはこのことを説く』、ということがわたくしにはない。諸々の事物に対する執着を執着であると確かに知って、諸々の偏見における（過誤を）見て、固執することなく、省察しつつ内心の安らぎをわたくしは見た」（中村元訳『ブッダのことば』）

つまり、釈尊は、「仏教とはこういうものである」「私はこういうことを説いている」「私のいうことを聞きなさい」といったような言い方はしていません。ですから、

「オレは仏陀の生まれ変わりだ。だから、オレのいうことを聞け！」

という人が現れたとしたら、「この人は偽者《にせもの》だ」ということが、すぐにわかります。

「古《いにしえ》の仏陀が歩まれた道を見いだした。あなたたちも歩きなさい」

それが釈尊の教えです。

「よく見てごらんなさい、この世界というものが、どのようになっているか。それを、私は見いだして、それを説いているにすぎないのです」

ということを説かれているにすぎません。「仏教という特別な教えがどこかにある」ということではないのです。

私たちはいつも、自分の偏見と執着によって、自分の都合のいいように世界を見ています。そのために、世界の本当の姿が見えていないのです。あらゆる偏見を捨てて、固執することなく、自分がとらわれていることから離れたときに、真実なる世界が見えてくるのです。

そしてそれを、「悟り」といっています。

■法、真実、真如

『雑阿含経《ぞうあごんぎょう》』という経典（パーリ語が中国で漢文に訳された経典）に、非常に注目すべきことが書いてあります。

「然《しか》れば彼《か》の如來《にょらい》、世に出《い》づるも及《およ》び未《いま》だ世《よ》に出《いで》ざるも、法界《ほっかい》は常住《じょうじゅう》なり。彼《か》の如來は自《みずか》ら此《こ》の法《ほう》を覚《さと》り、等正覚《とうしょうがく》を成《じょう》じ、諸《もろもろ》の衆生《しゅじょう》の為《ため》に、分別《ふんべつ》し演説《えんぜつ》し開発《かいほつ》し顕示《けんじ》したまふ」（『雑阿含経』大正2.85b）

少々言葉がむずかしいのですが、「お釈迦さまが、そのようにお説きになったからそうなったのではない」といっています。「如來」とは、お釈迦さまのことですが、

「お釈迦さまがこの世に出てこようが、出てこなかろうが、初めからこの世界はそのようになっているという真如《まこと》がある。その真如に目覚めて、出会ったお方が、『ここに真如があるから、あ

なたがたも出会いなさい』とお説きになっている。それが仏の教えというものだ」としています。繰り返しになりますが、釈尊が菩提樹の下で目覚められた、その真実というものは、もともと万人に開かれたものであって、釈尊だけが独占するようなものではないのです。私たちは、自分勝手な、偏見や執着にとらわれて、真実が見えていません。そのような私たちに向かって、「ここに真実があります。よく見てごらんなさい」とおっしゃっていることが、仏の教えとして示されている。それが仏教なのです。

●悟り＝目覚め＝智慧

■万人にひらかれた真実への目覚め

『ブッダ最期の旅』の中に、このような話があります。

釈尊が病気になってとても苦しんだのですが、なんとか持ち直しました。そのときに、弟子のアーナンダがいいました。

「お釈迦さま、私はあなたがご病気になられましたので、非常に心配いたしました。お釈迦さまはまだ、ご自分が亡き後の教団のあるべき姿について、一言もおっしゃってません。ご自分が死んだ後のことを、何もご指示しないままお亡くなりになるはずはない。そう思っておりましたが、案の定、回復されて安心いたしました」

それを聞いた釈尊はおっしゃいました。

「如来に師拳《しけん》なし」（私には師匠の握《にぎ》り拳《こぶし》というものはない）

この場合の如来とは、釈尊がご自分のことを指しているのですが、『ブッダ最期の旅』では次のように説明しています。

「アーナンダよ、修行僧たちは、私に何を期待するのか？　私は内外の隔てなしに、ことごとく法を説いた。完《まつた》き人の教えには、何ものかを弟子に隠すような、教師の握り拳は存在しない」

ここで「教師の握り拳」という言葉が出てきます。「『まだあなたには教えない』といって握っているもの」という意味で、奥義や秘伝といった、「秘密の教え」のことです。

私の母は池坊の正教授ですが、お茶や、お花などの習い事の場合、長年、月謝を払ってお師匠さまのところに習いに行くことで、師範や、准教授、正教授の免状をもらえるのです。なかなかすぐには最後のところは教えてくれません。アーナンダも、「先生だけが握っているような、秘伝みたいなもの」があって、最後にはそれを教えてくれると思っていたのでしょう。

それに対して釈尊は、

「お前は何をいっているのだ？　私が教えたことは、すべて万人に届いている、ひらかれた真実なのだ。まだ教えていないような、秘密の奥義みたいなものはない」

と、おっしゃっているのです。

大乗仏教の経典で『華厳経』という経典にも、同じようなことが書かれています。

「奇《き》なる哉《かな》、奇なる哉。云何《いかん》が如来《にょらい》の具足《ぐそく》する智慧は、身中《しんちゅう》に在《あ》りて而《しか》も知見《ちけん》せざる。我、当《まさ》に彼《か》の衆生《しゅじょう》を教えて聖道《しょうどう》を覚悟せしめ、悉《ことごと》く永《なが》く妄想顚倒《もうそうてんどう》の垢縛《くばく》を離れしめ、具《つぶさ》に如来《にょらい》の智慧、其《そ》の身内《しんない》に在《あ》りて、仏と異《こと》なることなきを見《さと》らしめん」（『大方広仏華厳経』大正 9.624a）

「奇なる哉」というのは、「なんという不思議なことであろうか」という、釈尊が菩提樹の下で目覚められたときに発せられた驚きの言葉です。

「仏の智慧というものは、すべての人々の身体の中に貫き通って、万人にひらかれた真実がすでに届いている。ところがそれが見えていないかっただけなのだ。初めから私の中に、目覚めるべき真実は、すでに届いていたはずなのに、それに今まで気がつかなかった。そこに目覚めた者が、人々のためにそれを説くのである」

ここでも仏陀の悟りというものは、「特別な神秘体験とか、不思議な超能力を得るということではなく、今まで見えていなかった真実が見えたということである」と説明しています。

■虚妄の分別と智慧

「私たちが日常生活で見ている世界は、いつも自分の都合を中心にして物の価値を考えるために、真実の姿が見えていない」ということが、「気づき」の内容です。

次のページの図をご覧ください。「幸い」と「災い」の比較です。

みなさんは、「若い」ということは幸いなことであって、「年はとりたくない」と思ってはいませんか？

「若いということは素晴らしい」

「年をとったら、つまらない」

「健康はありがたいけど、病気はご免こうむりたい」

「なるべく健康で長生きしたい」

「死ぬのはいやだ……」

そんなふうに、私たちは「価値」を分けて見ています。

また、「美しい」とか、「汚い」という分け方もしています。

「チョウチョウはキラキラ光って美しい」

「ゴキブリは汚い」

しかし、これは誰が決めたのでしょうか？

ゴキブリにいわせれば、「オレは汚くない！」というに違いありません。人間が、人間の都合

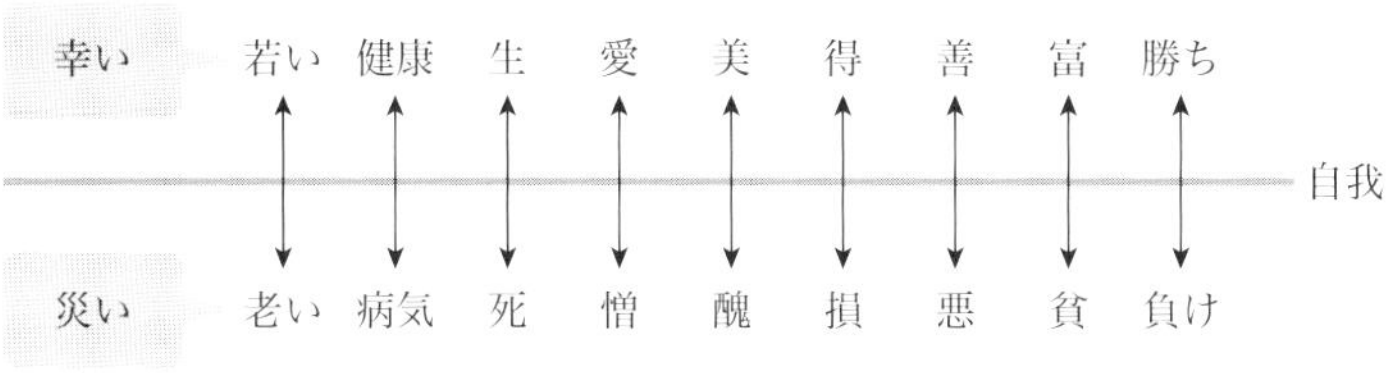

人智＝虚妄分別 vikalpa……自我を物差しにして、ものを分けて見る＝無明（無知）
仏智＝無分別智 prajñā……あるがままの真実（＝如）に目覚める＝智慧

で決めたのです。

「あの人はいい人だ」ということもありますが、そんな場合は、「自分に都合のいい人」という場合がほとんどです。

「あの人の家に遊びに行くと、必ずお茶が出るからいい人だ」

「あの人の家にお中元を持っていくと、必ずお歳暮で返ってくる。だからあの人はいい人だ」

といった具合です。ところが、

「あんなヤツだとは思わなかった、もう絶交だ！」

というときは、自分に都合が悪くなったときです。相手が自分に利益をもたらさなくなると、「あんなヤツ！」ということになります。

美しいとか、汚いとか、損だとか、得だとか、いい人だとか、悪い人だとか、お金があったら幸せで、貧しくなったら不幸せ、どっちが勝ったか、負けたか……。

私たちの見ている世界は、すべて自分の都合によって、価値を決めて、分別しています。これを仏教では「迷い」といいます。本当の姿が見えていないのです。

もともとの言葉は「ヴィカルパ（vikalpa）」といい、訳して「虚妄《こもう》分別《ふんべつ》」といわれます。それが「闇」なのです。真実が見えていない、迷っている世界です。自分の都合でものを見て、自分の都合でものを分けています。

「災いはいりません。幸いが欲しいのです」

「年はとりたくありません。いつまでも健康でいたいのです」

「死にたくはありません。長生きをしたいのです」

それが迷いなのです。私たちは、「年をとって、病気をして、死ぬ」という人生を生きています。

生まれてきたときはみな、「おめでとうございます」といわれて人生が始まります。そして最後は、「ご愁傷さまです」で終わります。「おめでとう」で始まって「ご愁傷」で終わるのが人生なのです。「若くて、健康で、長生き」ということが「幸い」であって、「年をとって、病気をして、死ぬ」ということが「不幸」だと思っているなら、人生はだんだん不幸になって、不幸の頂点で人生が終わることになります。

このような考えでいいのでしょうか？

「幸」と「不幸」を分けて、自分の都合のいいことを幸せだと思うために、このようなことになるのです。自分の人生が不幸で終わる人は、真実を見ていないのです。

若いものは年をとり、健康な人は病気になり、生まれたものは死ぬという、そういう人生を私たちは生きています。それが「真実《まこと》」なのです。幸せとか不幸せという問題ではありません。

その真実を受け入れられずに、自分の都合で世界を見て、自分の都合を満たそうとして生きていることが、「苦」を生み出します。

これが「苦の根源」だということに気づいたのが釈尊の「悟り」です。自分の都合を離れて、あるがままの姿を、あるがままに見るということが、「真如」という世界に出会うことです。「悟り」に至ることができれば、闇に光が差して、虚妄の分別から解放されて、智慧を得ることができます。その智慧を得ることができれば、物事を分けて見るのではなく、あらゆることが、「真実」として、受容できるようになります。そして、それが仏教が目指すものです。

その智慧に至る道は、「目覚めた人の仰せを聞く」というところから始まります。

■智慧に至る道＝聞思修の三慧

古い経典に出てくる言葉で、「聞《もん》」「思《し》」「修《しゅう》」の「三慧《さんえ》」という言葉があります。聞くことから始まり、よく考えることによって、身につくということです。

聞＝目覚めた人の仰せを聞く　↓↓　初発の聞〈「聞こう」という姿勢〉

思＝繰り返しよく考える

修＝身に具《そな》わる　↓↓　究極の問〈「聞こえた」という経験＝目覚め、気づき〉

聞こうという気がなければ、仏教は学べません。すべてのお経は、「如是我聞《にょぜがもん》」から始まります。

「このように私は聞かせていただきます」

「このように私は聞きました」

ということです。

「聞こう」という意志がなければ、どんなに自分にとっていい話であっても聞こえないのです。

私は武蔵野大学で、「仏教概説」という必修科目を学生に教えています。必修ですから、この授業の単位をとらないと卒業できません。ですから、好むと好まざるとにかかわらず、学生は卒業するために、私の「仏教概説」の話を聞くことになります。

「私は薬学部で、薬の勉強をするために入ったのに、何で仏教の話を聞かなくちゃいけないの？」

「弁護士になりたいと思って法律の勉強をしに来たのに、何で仏教学があるの？」

そんな顔をして学生は座っています。彼らは最初から私の話を聞く気がありません。聞く気のない学生に教えるというのは、これはたいへんにつらいことです。

「聞こう」という姿勢を持って初めて、智慧の出発点となります。ところが「聞きっぱなし」ではいけません。右から聞いて左へ抜けているようでは、自分の身につかないのです。

聞いたことをよく考えることが「思」です。

「あのとき聞いた話は、どういうことだったんだろう？」

毎日の生活の中で、繰り返し、繰り返し、体験を通して確認していくことで、やがてそれが身に備わるのです。それが「修」です。

「なるほど！　釈尊のおっしゃっていた通りだ！」

と、うなずけたときに、「自分の身についた」ということになるのです。

■能入の信、能度の智

仏教の教えを聞くためには、まず、「ここに大事なことが説かれている。なにか学ぶべき真実があるということを信頼する」ということが大切です。そこから仏教の学びが始まります。

釈尊が亡くなったあと、南インドに龍樹《りゅうじゅ》という人が出現します。漢字では龍樹と書きますが、「ナーガールジュナ（Nāgārjuna）」という名前のインド人です。この人が書いた書物の中に、

「仏法の大海は、信を能入《のうにゅう》とし、智を能度《のうど》とす」

という言葉があります。

「仏法という大きな海には、『信』で入り、『智』で渡りきる」ということです。

「ここに真実なるものがある」という「信」を持つことから、仏教の学びが始まるのです。

そして学んでいるうちに、釈尊のいう「真実」に目覚め、気づきます。それが「智」です。

そしてそれこそが、仏教の目指す「智慧」というものなのです。

●――親鸞聖人の「信心」

■信じるということ

ここでややこしいのが、親鸞聖人が、この「智慧」のことを「信心」といっていることです。親鸞聖人の「信」は、龍樹のいう「信」でありません。

「最終的に仏《ぶつ》の仰せが、私に到り届いて、真実《まこと》なる世界に目覚める」

その目覚めのことを、親鸞聖人は「信心」といっています。


ところで、みなさんは「信心」について、どのように考えていますか？

私は、熊本の浄土真宗のお寺の住職でもありますが、浄土真宗を「阿弥陀仏を信じる宗教」と思っている方が意外と多いようです。

「観音さまは、優しすぎて頼りない感じがするから、私はお不動さんを信心します」

「いやいや、お不動さんは、なんだか人相が悪いから、私は阿弥陀さんがいい」

というように、お不動さまや、観音さまを遠ざけて、阿弥陀さまを信仰するのが浄土真宗だと思っている方が多いようです。

私たちは、どんなときに「信じる」という言葉を使っているのでしょうか？

例えば、天気予報で「午後から雨が降るでしょう」といっていたとします。この場合の「天気予報を信じる」というのは、「たぶん、そうなるのだろうな」ということです。

「午後から雨だ」という、その言葉を信用するのです。信用というものは、時々あてが外れます。でも目くじらを立てる必要もありません。もともと雨が降るか降らないかは、「100パーセント当たる」などということはないと思っているからです。

しかし、宗教における「信」というものは、その程度のことではありません。

「聖書にそう書いてある！」

「お経にそう書いてある！」

「だから私は堅く信じて疑わない！」

「深く信じることに間違いはない！」

といって「不動の信仰」を得ようとします。

ところがこの、「信じる」という言葉ほど、あてにならないものはないのです。

■智慧の念仏

親鸞聖人がいっている「信心」とは、「お経にそう書いてあるから、堅く信じる」というような意味ではありません。親鸞聖人の「信心」は、先ほどご説明した「聞・思・修」のことです。

「目覚めた方の仰せを、じっと聞く。そして自分の日常生活の経験を通して、うなずいていく」

自分自身の中に、真如《まこと》なる世界が至り届いて、目が覚め、闇だった人生の中に光が灯る……。

そういう経験を、親鸞聖人は「信」といっているのです。
曇鸞《どんらん》という人の言葉にこういうものがあります。

「経の始めに『如是』と称することは、信を彰《あらわ》して能入《のうにゅう》とす」（曇鸞『論註』・『教行信証』「信巻」引文）

「信」がなければ教えを学ぶことはできませんから、「経典は、始めに『如是』と書いてある」としています。これは先ほどの「能入の信」ということです。

ところが「信」というものは、「能入の信」だけではありません。

「信にまた二種あり。一つには聞《もん》より生ず、二つには思《し》より生ず。この人の信心、聞よりして生じて、思より生ぜず。このゆゑに名づけて信不具足とす」（『涅槃経』）

「聞」から始まって「思」に至る。それを繰り返し、自分の人生経験を通して考える。そのときに、「現れ出てくるもの」があるということです。

ですから、「聞」で終わっているときの「信」は、「不具足」、つまり「足りずに不完全」なのです。「聞・思・修」の、「聞」から始まって「思」へ行き、この「思」が煮詰まって、「そうだった！」という気づき、うなずきに至るのです。それが親鸞聖人のいっている「信心」です。

次に、親鸞聖人の言葉を見てみましょう。

「智慧の念仏うることは　法蔵願力のなせるなり　信心の智慧なかりせば　いかでか涅槃をさとらまし」（『正像末和讃』）

私たちのとなえている念仏は、「仏さまに向かってお祈りをしている」と思っている方がいるかもしれません。

「ナムアミダブツ、ナムアミダブツ、ナムアミダブツ、ナムアミダブツ……。私は阿弥陀仏に向かって、一〇〇〇回となえました。だから私の願いをかなえてくれるはず！」

もし、そう思って念仏をとなえているとしたら、それは「信心」ではなく、「取引」です。

親鸞聖人は「智慧の念仏」とおっしゃっています。

「私は、今まで自分の都合で物を見てきました。自分にとって都合のいいことが幸いで、都合の悪いことは災いだと思って生きてきました。その人生がいかに深い闇の中にいたかということが、明らかとなりました。この人生に起きる、あらゆるすべてのことは、私を育てるためのご縁だったのです。そんな『目覚め』をいただくことができました」

そんな「目覚め」の体験を、念仏を通して受けとめているのです。仏さまに向かって、取引をしたり、なにか功徳を差し出すということではありません。

「法蔵願力のなせるなり」の法蔵というのは、阿弥陀になる前の菩薩の名前です。

その法蔵菩薩という方が、「すべての人々に『真如《まこと》』の世界を知らせたい」と願いを立てて、私たちに呼びかけてくるのが念仏なのです。念仏というものを通して、仏の働きに出会い、「真如」なる世界に目覚めていく……。その目覚めたところが「信心」だとしています。

ですから、親鸞聖人にとっては、お念仏は智慧であり、信心もまた智慧なのです。

「智慧の念仏」

「信心の智慧」

そんな言い方をしています。

このように考えると、「南無阿弥陀仏」という言葉の意味が、まったく逆転してしまいます。

「称える念仏」から「聞く念仏」へ

南無　　Namo＝帰命〈依〉
阿弥陀仏　Amitāyus　無量寿〈限りのない命〉
　　　　Amitābha　無量光〈はかり知れない光〉

南無というのは、「ナモー（Namo）」というインドの言葉です。

これを親鸞聖人は、「南無というのは、帰命《きみょう》ということだ」と読まれました。帰命というのは「帰依」ということで、「これを拠り所とします」という意味になります。何を拠り所とするかというと、「阿弥陀」ですが、これも音を写していて、「アミターユス（Amitāyus）」「アミターバ（Amitābha）」といいます。

「アーユス（ayus）」とは、「命」のことで、「アーバ（ābha）」は、「光」という意味です。

「アミタ」の「ミタ」は「限りある」「有限の」という言葉ですが、これに「ア」が付いて「アミタ」となると逆の意味となり、「限りのない」「無限の」ということを表します。そして、

「ナモー・アミターユス（Namo Amitāyus）」

「ナモー・アミターバ（Namo Amitābha）」

となることで、「限りのない命と光のはたらきに帰依いたします」という意味になります。

それを親鸞聖人は、「帰せよ、阿弥陀に」と読まれて、
「これは招喚の勅命である（帰れという命令である）」
としたのです。

「しかれば『南無』の言は帰命なり。……「帰命」は本願招喚の勅命なり」（『教行信証』信巻、六字釈）

人間が阿弥陀仏に向かって、「阿弥陀さま、あなたに帰依します」といっているのではありません。阿弥陀という、限りのない命と光の働きが、私の中に届いて、「ここへ帰りなさい」と私に呼びかけてくるのです。

その呼び覚ましが聞こえたときに、「ああ、そうだった」と目が覚める。
その目覚めの体験を親鸞聖人は、「信心」といっているのです。

（二〇一五年三月一二日）

［オムニバス仏教講座］
仏教と気づき
V

Buddhism
and
Awakening

求道者の気づき

ケネス田中
Kenneth K. Tanaka

仏教には、「伝統・己証《こしょう》」という言葉があります。

「伝統」とは、先哲や先輩から受け継いだ教えです。

ところがそれを超えて、己が教えを証明する「己証」が必要なのです。

『溺《おぼ》れる船乗り』という現代説話は、現代人にとっての求道者の気づきなどをわかりやすく説き、「己証」のプロセスをより鮮明にしてくれます。

このアメリカ発の説話は、きっと今を生きる力を与えてくれることになるでしょう。

仏教の目的とは何か

ここでとりあげる『溺れる船乗り』という説話は、それほど学術的なものではありません。どちらかというと、「気づき」ということが主なテーマとなります。

まず、「気づき」という言葉ですが、これは究極的にはブッダ（Buddha）、つまり「目覚めた」というサンスクリット語で、そこから目覚めた人、悟った人、つまり、仏さまを意味します。

これが仏教の究極の目的です。これがはっきりしないと、深い意味での仏教はわかりません。

仏教は目覚める宗教であり、ただただ信じるだけの宗教ではありません。何かわけのわからないことを信じるということではないのです。確かに信じるという側面もありますが、究極的には、「道を求める者が真実に目覚める」ということであり、これを一般的な言葉では「気づき」と呼んでいるのです。

「目覚める」というと、かなり高度なことのように聞こえますが、「気づき」と捉えると、日常的に体験できることとしてわかりやすく感じると思います。必ずしも出家者、僧侶や尼さんの教えではなく、一般人のわれわれでも日常的に「気づく」ということがたくさんあります。

次に重要な言葉として、「伝統・己証《こしょう》」があります。

仏教には伝統があります。「受け継ぐ」という意味での伝統です。「教え」とか、「実践」といってもいいでしょう。しかし、いくら伝統があっても、そこから、自分自身が求道し、目覚め、自分のものにして、それをさらに証明し、世の中に活かしていく……。これがなければ意味がありません。己《おのれ》が証するところ、つまり「己証」が特に大切なのです。

別の言い方をしてみましょう。

自灯《じとう》明《みょう》

法灯《ほうとう》明《みょう》

という言葉があります。

お釈迦さまが亡くなられるときに、弟子が、「お釈迦さまが亡くなられたあと、どなたにすがったらいいんですか？」と尋ねました。ところが、お釈迦さまは、自分の後継者を指名しませんでした。そして、「自灯明（みずからを灯火《ともしび》にしなさい）」といい、さらに、「法灯明（法を灯火にしなさい）」といったそうです。まさに「伝統・己証」です。

このことからも、己《おのれ》（自分）というのは非常に重要であることがわかると思います。仏教ではよく、「無我」を説きます。無我という言葉から、「我《われ》を捨てる」とか、「我を軽視する」というような印象を与えてしまいますが、仏教では「自分が求める」ことを常に重視します。自分が求めることによって、その結果、素晴らしいものが身につくのです。

原初経典の「ダンマパダ」というものがあります。漢訳されて「法句経《ほっくきょう》」とも呼びますが、その有名な経典の中にこういう言葉があります。


「他人がどうして（自分の）主《あるじ》であろうか。

自己をよく調《ととの》えたならば、得がたき主《あるじ》を得る」（「ダンマパダ」一六〇）

「我《われ》を捨てる」とか、「我を軽視する」ということでありません。もちろん、「自己中心的な欲」は軽視しますが、この日常的な我を捨てるのではなく、この仏教という教えを通していくと、その結果として、しっかりした主体性（＝自分）というものが、確立するのです。

そして、もっともっと、いろんなことに気づいていくことで、その「気づき」が、自分の幸せに繋がってがっていくのです。「主《あるじ》」、つまり、「しっかりした自己」というものが確立するのです。

変相図としての『溺れる船乗り』

さて、『溺れる船乗り』についてご説明したいと思いますが、私が調べた限り、この説話は、仏教の経典や、注釈書の中では紹介されていないようです。

私がこれを教えられたのはアメリカでした。私は一〇歳からアメリカに渡って、向こうでずっと教育を受けました。初めて仏教に出合ったのもアメリカで、英語によるものでした。アメリカにはお寺がたくさんあり、特に日本仏教のお寺が多くあります。その中でもいちばん多いのが、浄土真宗のお寺です。私が中学生くらいのころに、そのお寺で、ある布教師から教えられたのがこの説話なのです。

説話というのは、非常にわかりやすいと思います。難しい教義よりも、受け入れやすいのです。例えば、禅宗には有名な「十牛図《じゅうぎゅうず》」という説話があります。一〇の場面を描いた絵があって、ある求道者が目覚めに向かっていくプロセスが表現されています。

七世紀の中国、長安に善導大師《ぜんどうだいし》という方がいらして、この方も絵を使って教えを説いていました。浄土や地獄が描かれた絵を見せて、人々を導いたのです。これを「変相《へんそう》」といいます。

この善導という方は、主に浄土教を広めた人で、日本仏教にとっても非常に重要な人物です。日本の法然上人は善導の書物を読んで、目覚めました。その弟子の親鸞も、善導を七高僧、七人の高僧の中の一人として、とても重要視しています。

私もこの『溺れる船乗り』を変相図として、イラストを使ってご説明したいと思います。

この説話は七変相図《ひちへんそうず》として、七つの場面に分けられます。

■1 乗船

ある日、船乗りが大きな船に乗って南国の島を出航するところから、この物語は始まります。

■2 落船

出航し、さまざまな島々を通過して、日が傾き始めたころ、突然、大きな波にあおられて、船が大きく揺れ、船乗りは海に落ちてしまいます。ところが、誰もそのことに気づきません。船は彼を残したまま進んでいきます。

彼は必死で泳ぎ、助けを呼びますが、船は行ってしまいます。荒い波が、繰り返し襲ってきます。やがて夕闇がせまり、周囲も見えなくなってきました。溺れないように、大波をやりすごしながら、やがて彼は思い出しました。

「確か、一時間ほど前に通り過ぎた島があった！　あそこへ行けばいい！　あの島までなら、泳いで行けるかもしれない！」と。

■3 求泳《ぐえい》

そして彼は泳ぎ始めます。ところが、星は出ていないし、周りは見えない。泳いではいるものの、ちゃんとその島へ向かっているのかわかりません。でも、じっとしているわけにはいきませんので、彼はやみくもに泳いでいくしかありません。自分が正しいと思う方向へ、自分の感覚だけで進んでいくしかないのです。

しかし、その方向が正しいという保証はどこにもありません。

われわれの人生もそうだと思います。

毎日の生活の中で、時々、自分の進もうとしている方向が正しいのかどうか、わからなくなることがありませんか？

でも、生きていくためにはとどまるわけにはいきません。

彼も一生懸命に泳ぐことしかできませんでした。

船乗りですから、泳ぐのは上手《うま》いのですが、何時間も泳いでいると、さすがに疲れてきます。力がなくなってきて、弱ってきます。疲れ果てて、彼はだんだん弱気になってきます。

「俺はもう、終わりなんじゃないか……?」

どんどん気力もなくなり、波に流されていきました。

4 放浮《ほうふ》

すると、海の深淵《しんえん》の中から、不思議な声が聞こえてきました。

「力むのをやめなさい。力を抜きなさい」

そこで彼は、はっと気がつきました。

「ああ、そうだった! むやみに泳いで体力を消耗してはいけない!」

彼はその声のおかげで、船乗りとしてわかっているはずのことに気がつきました。それまでは必死でしたから、当たり前のことを忘れていたのです。彼は体の力を抜いて、力むのをやめて、上向きになって海の上に横たわるようにして浮かびました。

暖かい季節に、ハンモックに横たわったとき、力を抜いて気楽にしていると、フワリと浮かびあがるような感覚を感じると思います。そんなふうに彼の体も、力を抜いたとたんに、ポッカリと海面に浮かびました。

彼は今まで、「もう死ぬかもしれない」と思っていました。ところが自分の気持ちの持ち方が変わり、体の力を抜いたことによって、体が海面に浮かぶようになりました。

そこで初めてほっとした彼は、「これで助かる！」と思ったのです。

力を抜いて、体を任せる。

その結果、浮かぶことができました。

■5 歓喜《かんぎ》

「ああ、助かった！　これでなんとかなるかもしれない」

少し前まで「自分は死ぬかもしれない」と思っていた彼は、安心した気持ちになります。

ところが、状況は何も変わっていません。それなのに、彼は「助かった！」と思いました。

そう思って周りを見ると、先ほどまで感じていたほどには、波は荒くはなく、海水もそれほど冷たくありません。彼の気持ちが変わったことで、周囲への感じ方が変わりました。周りの状況とは、あくまでも主観的な感覚なのです。

ただし、いつまでもゆっくりしているわけにはいきません。なんとか島に泳ぎ着いて、助からなければなりません。彼には家族もあるし、仕事もあります。なんとしても、帰らなければならないのです。

■6 楽泳《らくえい》

彼はまた泳ぎ始めます。ただし、以前とは違います。彼の内面が大きく変わりました。波は以前ほど荒くは感じません。海水も以前ほど冷たくは感じません。気持ちに余裕が出てきました。雲の間に見え隠れする星を読み取り、風向きを見て、潮目の変化を見て、持てる知識を総動員して、進む方向を推理し始めました。そこで初めて、

「ああ、あの島はこちらの方向だ！」

という確信が生まれてきました。

先ほどまでは確信は全くありませんでしたが、今回は確信があります。そして、大きな違いは、安心感があることです。たとえまた疲れてしまったとしても、力を抜けばまた浮かぶことができます。

「海は自分を見捨てていない。私は大丈夫だ！」

という安心感があります。そしてさらに、今度は他者のことを気にかける余裕も出てきました。

この船乗りは、先ほどいっしょにいた仲間たちのことを思い始めたのです。

「彼らは今どうしているだろう？　ひょっとしたら、自分と同じように海に落ちている者がいるかもしれない。もし近くにいて溺れかけていたら、先ほど自分が体験した、『力を抜く』ということを教えてあげよう」

■7　解脱《げだつ》

やがて波間の、水平線の向こうに、島が見えてきました。彼が求めていた島です。彼はやっと

のことでこの島に辿り着くことができました。

これが仏教の最終的な目的です。先ほど「目覚め」という言い方をしましたが、これは仏教では「仏になる」ということでもあります。完全な悟りということです。

そして、この話には続きがあります。島に辿り着いた彼は、ボートに乗って再び海に出ます。「もう自分は助かった。今度は他者のために、他者を救うために行動しよう」

今度は彼にはボートという乗り物があります。「安心できるもの」が備わっています。

これが「悟り」です。

●――乗船について――人生を歩む

では、この説話の仏教的な意味を、もう少し詳しくご説明しましょう。

まず、「船に乗った」ということは、人間として生まれてきたことを意味します。仏教的なことからいうと、人間が生まれてくることは、すばらしいことです。稀なことなのです。

「人身《にんじん》受け難《がた》し、今已《すで》に受く」

という言葉が「三帰依文《さんきえもん》」の中にあります。

「人間として生まれてくることは難しい。しかし、私は今、人間として生まれてきた」

「私はなぜここにいるのだろう」

「私はどこから来たのだろう」

このような問いに対して、仏教では「始まり」については、「無始《むし》」、つまり「始まりがない」といいます。いつ始まることなく、「生死」、つまり、「生まれて」「死んで」「生まれて」「死んで」……、ということを繰り返してきました。

これを「六道輪廻《ろくどうりんね》」といいます。生死を繰り返して、「流転《るてん》」しているとして、「輪廻転生」ともいいます。そして今、「人間として生まれてきた」としています。

これを信じるかどうかは別にして、いちばん重要なことは、「今、私はここにいる」ということです。「人間としてここにいる」「私は生きている人間だ」ということに目覚めて、それを意識するということが重要なのです。

キリスト教では、ちょっと違うかもしれません。キリスト教では、「生死」「流転」ということではなく、「神によってこの宇宙が創造されて、神によって私は生まれてきた」と捉えているようです。そして、「生きている間、神の意志を知って、それに従って生きていく」というのが目的なようです。仏教では、「仏さまがわれわれを創った」とか、「創造した」とはいいません。

仏教はとても実存的な宗教です。しかしその実存について深く考えるのは、この段階（「乗船」）ではありません。ここでは船に乗っているだけ、人生を歩んでいるだけです。

●――落船について――四苦八苦と遭遇する

しかし、次の段階、「落船」では船から落ちてしまいます。これは、「四苦八苦《しくはっく》」という苦しみに出合うということです。

「生老病死」

これが四苦です。これに次の四つ、

「愛別離苦《あいべつりく》」（愛する人と別れる苦しみ）
「怨憎会苦《おんぞうえく》」（恨み憎む人と出会う苦しみ）
「求不得苦《ぐふとっく》」（求めることが得られない苦しみ）
「五蘊盛苦《ごうんじょうく》」（物質的・精神的な五つの要素に執着する苦しみ）

これを足して、八苦になります。

「乗船」で船に乗って、順風満帆、問題もなく航行できればいちばんいいのですが、実際は、人生は思い通りにいきません。どうしても「苦」に遭遇します。

ですから、「まず『苦』から始まる」のが仏教というものなのです。そして仏教の目的は、「抜《ばっ》苦与楽《くよらく》」、苦を抜いて、楽を与えるということです。

お釈迦さまの修行も、出発点は「苦」です。

お釈迦さまは、生まれてからずっとお城の中で育ちました。周りには若い人、健康な人、美しい人ばかりです。ところが二九歳になる前ぐらいに、お城の外に出る機会があり、そこで現実を見ます。

まず東の門を出ると、年をとった人に出会います。初めてそんな人に出会い、「老」の苦しみを知ります。次の門を出ると、今度は病人に出会い、「病」の苦しみを知ります。そして、さらに次の門では亡くなった人に出会い、「死」の苦しみを知ることで、とてもショックを受けます。

そして北の門では、これまでの三人と違い、修行者に出会います。その修行者は、生き生きとしていて、すがすがしい姿をしていました。

お釈迦さまは、修行者のような人になりたいと思い、また「老・病・死」の苦しみを取り除く道を見つけたいと思い、修行の道を選びます。これが「四門出遊」のエピソードです。

『溺れる船乗り』の説話では、船から落ちてしまうことが「苦」となっていますが、誰の人生にも「苦」があります。「愛する人が亡くなる」「病気をする」「一生懸命、努力をしても、欲しいものが手に入らなかった」などです。

私の授業の中で、学生にこのことに関してレポートを書かせると、彼らは若くしていろいろなてはいけない「苦」を体験してます。「怨憎会苦」が多いようです。つまり、嫌な相手や嫌な状況に出会わなくてはいけない「苦」です。

もう一つは「求不得苦」。求めても結果が得られない「苦」です。学生の中には、他の大学を求めたけれども、そこに受からなくて、この大学に来てしまったとか……。

しかし私はそんな学生に、『～してしまった』といわないように！」と教えています。「今の状況を受け入れて、それを乗り越えていく。それが仏教の力です」と。

日本の一般の人、仏教を知らない人は、宗教を「自動販売機」のように思っています。「お金をポンと入れると、ポンといいことが出てくる」といったようにです。

もちろん宗教では願いごともしますが、それは宗教の本質ではありません。

●求泳について——苦の解消にはげむ

親鸞聖人という方は、「無常感」についてとても悩んでいたようです。一九歳ぐらいのときに、「自分はあと一〇年後に死ぬのだ」ということを感じて、とても真剣に努力をされました。親鸞だけではなく、日蓮や、道元など、日本の優秀な僧侶たちはみな、「苦」に出会っていました。「苦」に出会ったときに、仏教を通して、そこから脱出しようとしたのです。それが「求泳」です。大乗仏教には「六波羅蜜《ろくはらみつ》」というものがあり、それが「求泳」にあたります。

［六波羅蜜］

［1］布施（dana）

《無財の七施》

身施　身体を使う――例・重い荷物を持ってあげる

心施　思いやりの心――例・「いただきます！」

眼施　やさしいまなざし

和顔施　柔和な笑顔

言施　言葉をかける――例・挨拶

牀座施　自分の席を譲る

房舎施　一夜の宿を提供する

［2］持戒（shila）

《以下の行為から離れることが「十善業」》

殺生・偸盗・邪淫　（＝身業）

妄語・両舌・悪口・綺語　（＝口業）

貪欲・瞋恚・愚痴　（＝意業）

［3］忍辱（kshanti）――迫害や困難を耐え忍ぶ

［4］精進（virya）——他の五つを修めるために真摯に努力する
［5］禅定（samadhi）——心を集中し、安定する。念仏や題目をとなえる。坐禅を行う
［6］智慧（prajna）——目覚めへ導いてくれる正しい見方

［1］の「布施」というのは、見返りなしの行動です。布施というと、お金のことを想像しますが、お金がなくても日常の行動で示すことはできます。例えば挨拶です。挨拶とは本来は仏教の言葉です。二人の僧侶が接近をして、最初に心を開くことをいいました。

私は学生に、「キャンパスで会ったら、先生でも友達でも挨拶をしなさい」といっています。そうすることによって、自分の心が開いて相手に通じることができます。特に先生の立場からすると、「ああ、あの学生はちゃんと挨拶してくれた」と、顔も名前も覚えます。

この「布施」で重要なことは、「見返りを考えない」ということです。例えば、電車の中でおばあさんに席を譲ったときに、そのおばあさんが「ありがとう」とお礼をいってくれないと、カチンときませんか？　われわれは凡夫《ぼんぷ》ですから、見返りを欲しがるのです。

ところが、カチンとくることによって、自分の至らなさや、自己中心的な面に気づくのです。これが仏教の「気づき」なのです。

［2］の「持戒」はいわゆる戒律ですが、ここでは簡単な「十善業《じゅうぜんぎょう》」をあげました。
「十善業」というのは、「殺生」「偸盗《ちゅうとう》」「邪淫」「妄語」「両舌《りょうぜつ》」「悪口《あっく》」「綺語《きご》」「貪欲《とんよく》」「瞋恚《しんに》」「愚

痴」とありますが、「これらのことを行わない」ということです。
そして、この十善業は三つの行いである、「「身業《しんぎょう》」「口業《くぎょう》」「意業《いぎょう》」に分けることができます。これを仏教では「三業《さんごう》」といいます。「行動、身体で表す」、「口で表す」、そして、「心で表す」という三つです。

そして次の［3］［4］ですが、やはり仏教では、「忍辱《にんにく》」（忍ぶ）、「精進」（努力）というのは必要です。

［5］の「禅定」はサマーディ（Samadi）ともいいますが、これは坐禅に限らず、念仏とか題目も含めます。心を静めて、落ち着くということは、非常に重要です。

最後の［6］の「智慧」は、「真実を見抜く」ということです。このことについては、仏教では、三法印《さんぽういん》、四法印《しほういん》、空《くう》として説かれています。

仏教ではこのような修行を常に行います。出家者に限らず、これらを一生求めていきます。ところが説話の船乗りのように、どうしても途中で疲れてきたり、時には壁にぶつかって、「自分はもうダメだ」と思うこともあります。

●――放浮について――力を抜いて浮かぶ、転心する

親鸞は、二〇年間、比叡山で修行に励み、道を求めましたが、いくら修行しても「悟り」「目

覚め」を手に入れることができませんでした。

ところが、法然という師に出会って、彼は転心します。「信心」という言葉で、一種の目覚め、悟りを得ました。「大きな気づき」といってもいいでしょう。彼は、「自力」から「他力」へと、転心したのです。

「自力」や「他力」とは、浄土教や、浄土真宗でよく使う言葉ですが、私は基本的に、「すべての仏教では『自力』を否定しないと、悟りはありえない」と思っています。

ですからどの宗派でも、このような「転心」ということが行われます。例えば禅宗には、「見《けん》性《しょう》」という言葉がありますが、基本的には同じことだと思います。

修行しているときに、自我にこだわって、「自分は正しいことをやっている」「自分はなんて偉いのだろう」などというような「我《が》」が入ってくると、まだダメなのです。ある時点で、それらをぜんぶ放棄して、力を抜いて、もっと広い世界に出会わなければならないのです。そこで初めて、「放浮」ということが実現します。これが初段階の「悟り」です。

私の先生で、草田春好先生という方がおられました。五年ほど前に亡くなられたのですが、日本からアメリカに渡って、一八年間、わたしが通学した神学校の大学院大学の学監をされていた先生です。生涯独身で、本当に尊敬できる先生でした。

あるときこの先生が、私にこんな話をしてくれました。

戦時中、まだ先生が若いころに広島にいらしたときに、食べ物もなく、身体も弱って、肺炎になってしまったそうです。薬もないような小さな病院で、医者からは、「この夜が山場です。今夜を超えることができたら助かりますが、そうでなければ……」というような話をされたそうです。先生は、たった一人で、誰もいない暗い部屋で、一夜を過ごすことになりました。とても寒く、食べ物もありません。最初はとても悩み、苦しんだらしいのですが、ある時点から、「悩んでいても仕方がない。こうなっては親鸞聖人について行こう」と、すべてをお任せしたそうです。

すると身体が次第に軽くなり、気持ちが楽になって、全身に力が戻ってきたそうです。そして、なんとかその夜をやり過ごして生きることができたというのです。

草田先生は、「あのときに、『親鸞聖人にお任せします』といったことが、私を救ったんじゃないだろうか」ということを、私に話してくれました。

この話は今でも、私に大きな示唆を与えてくれています。

歓喜について——喜びを体験する

悟りの最初の段階を、初期の仏教では「預流果《よるか》」といいます。のちの大乗仏教では、同じような言葉として「歓喜地《かんぎぢ》」といっています。菩薩行には、「十地」というのがありまして、そのいちばん最初の段階が「歓喜地」です。

この段階に達すると、喜びに満ちています。ここで重要なのは、「悟りが保証される」ということです。

親鸞が目覚めた「信心」という言葉も、同じレベルの話です。

「もう、大丈夫。私は後ろに戻ることはない。輪廻転生する必要がなく、仏になることができるのだ」という保証が得られるのです。


「慶《よろこ》ばしいかな、心を弘誓《ぐぜい》の仏地《ぶっち》に樹《た》て、念《おもい》を難思《なんじ》の法海《ほうかい》に流《なが》す」（『教行信証』）

親鸞の言葉です。

「慶ばしいかな」とはいい言葉だと思います。仏教では、難しい言葉ばかりがならび、「体験した喜び」は表現されないことが多いのですが、ここには親鸞の言葉がしっかりと表されています。

「心を弘誓《ぐぜい》の仏地《ぶっち》に樹《た》て」というのは、「仏さまの大きな慈悲の中に、自分の心を置いている」ということです。

「念《おもい》を難思《なんじ》の法海《ほうかい》に流《なが》す」というのは、「よけいなこだわりや心配を、大きな海に流している」ということです。

ここで重要なのは、「自分の心は、仏の慈悲に包まれているから大丈夫」という安心感です。

人間は自信を持っているからこそ、いろんな世俗的な思いが浮かんできますが、「それにこだわることはない」ということがわかった慶びなのです。

楽泳について――余裕をもって泳ぐ

ここまでくると、「すでに救われた」「すでに悟った」と思うかもしれませんが、修行はまだまだ続きます。今度はさらに修行をしたくなります。さらに「六波羅蜜」を実践したくなるのです。

ここでは以前のように、「自分の力で泳いでいる」とは思いません。「私は自分の手を動かして泳いでいるが、これは自分だけの力ではなく、海の力で泳がせてもらっている」という姿勢で、修行を行います。

例えば、電車で席を譲っても、「私が席を譲った」というような感覚ではなく、「できることはさせてもらいます」というような心境です。そして見返りも、前ほど求めなくなります。

この「楽泳」のポイントは、「楽になる」ということです。

■一水四見

仏教によく出てくる喩《たと》えに、「一水四見《いっすいしけん》」という言葉があります。これは一つの水があって、四つの見方があるという意味です。

例えば、ここに水があるとします。

これが餓鬼《がき》にはどう見えるでしょうか。

六道の中に「餓鬼道《がきどう》」というものがありますが、その境界で迷っているのが餓鬼です。彼らは心が穢《けが》れているから、水を見ても、「これは痰だ」とか、「こは膿だ」とか、汚い液体に見えてしまいます。

では「畜生道」にいる魚にとって、水はどのように見えるのでしょうか。彼らにとって水は、「棲《す》む所」に見えるといいます。

そして、人間界にいる「人間」にとっては、「水は飲むもの」となります。

さらに六道のいちばん上の、「天道」にいる天人にとっては、これはキラキラ光る宝石のように見えるのです。

これは仏教の根幹を指しています。同じ水であっても、その見え方はみな違います。

なぜ、そのような違いがあるのでしょうか。

それは、「われわれの心しだい」ということです。

この「楽泳」の段階の船乗りも、余裕ができて、周りが見えるようになりました。そして、「大丈夫だ、私はもう救われているんだ」と、感謝の気持ちに満ちてきます。

きっと彼には周囲の海が、キラキラと光って見えたに違いありません。

■つながっているという感覚

もう一つ重要なこととして、「つながっている」という感覚があります。これは仏教では「一《いち》如《にょ》」とか、「縁起」ともいいます。

縁起というのは、「単独に生じたもの。単独に存在するものはない」ということです。

「すべては、何かによって起こる」

すべてそうです。私も両親によって生を受け、今朝、食べた食事によって、今生かされています。縁起とはそういうことです。

「つながっている」「支えられている」という感覚は、「楽泳」の段階になるとさらに強力に感じることができます。

年を重ねるごとに、私もだんだんと先が短くなっていることを感じます。

ところが、

「自分は社会とつながっている」

「自分は他の人たちに支えられている」

そう考えると、自分が消えていくことが、それほど大きな恐怖として感じることはありません。お釈迦さまのように悟っている方は、徹底した「つながり」の中にいます。自我と他者は一体なのです。

「自分の命は他者とつながっている」と考えますと、「自分の人生を、社会のために、誰かのために尽くしたい」という気持ちになってきます。

このような気持ちを、仏教では「自利利他《じりりた》」という言葉で表します。「自利」というのは、「自分が修行で得たこと」です。

不思議な声によって、船乗りは「気づき」ますが、この後は必然的に、「他を利する（他人の利益を考える）」という気持ちが生まれてきました。私はこれがなければ本物ではないと思います。

船乗りが泳いでいる「大海」を考えてみましょう。

われわれは、この大海の小さな波のようなものです。ここで、「自分は波だ」と思ってしまうと、どんどん心細くなってしまいます。この波はいずれなくなってしまうからです。

ところが同じ波でも、「大海から生まれて、大海によって支持されて、そしていずれはまた大海へ戻る」と考えると、「自分はちっぽけな波ではなく、大海に支えられた波である」と自覚することができるのです。すると人生に余裕ができて、生きることに力が湧いてきます。

生きている間は、どんどん大きな波を目指してもいいと思います。自分を発揮し、自己実現をすればいいのです。たとえ失敗をしたとしても、失敗が次の新しいことにつながっていきます。

そう考えると、広い世界で生きていくことができるはずです。

自分に気づき、受け入れる

仏教の「気づき」というのは、「修行によって偉い人になる」ということではありません。

「私は欠点だらけの人間だ」ということに「気づく」ことでもあります。

自分の力で泳いでいると思っていた船乗りも、「私は手を動かしているけれど、私が泳げるのは海のおかげです」と、自分が海に生かされていることに気がつきます。

そんな考え方ができるようになると、自分の欠点が見えてきます。

「私は思ったほど大きな人物ではない」「それほど偉くもない」「力もない」と。それでいいのです。そういったことに「気づく」ということが重要なのです。

親鸞聖人でさえ、こういっています。

「愛欲《あいよく》の広海《こうかい》に沈没《ちんもつ》し、名利《みょうり》の太山《たいせん》に迷惑《めいわく》して……」（教行信証）

「大海ほど大きな欲に、私は浮かんだり沈んだりしている。自分の名声とか、利益のことを山ほど考えてしまう……」ということですが、本当に偉い人は、自分の欠点に気がついて、それを受け入れることができるのです。

この「楽泳」の段階では、いろいろなことに気がついて、同時に、周りのことがもっと見えてくるようになります。自然とか、食べ物などの自分の周りのものが、美しく、おいしく感じられるようになるのです。

そして、「島に着く」ということは、「仏になって完全に悟る」ということです。

解脱について——安泰にいたり、完全な利他を行う

お釈迦さまは三五歳で悟り、その後の四五年間は、他者のために他行に尽くしました。これが仏のあり方です。浄土真宗の教えでは、「この世では仏にはなれないが、浄土からまた戻ってくる」といわれています。少々解釈の問題はありますが、重要なのはその精神です。

「仏になるということは、自分だけの悟りで終わるのではなく、他者のために働くこと」

仏教徒であれば、「自利利他」ということは、大いにあるべきだと思います。

浄土真宗などでは「われわれは凡夫だから」「何もできないから」というような考え方がありますが、「少しでも自分ができることを、他のため尽くしたい」ということが大切なのです。

それは、お金を寄付するだけではありません。スマイル（和顔施）でもいいのです。朝起きて、家族に笑顔で、「おはよう」と挨拶をするのです。そのようにして、少しでも自分の人生が変わっていけば、「仏法が活きている」ということになるのです。

そしてそれこそが、「私自身が気づいた」ということなのです。

（二〇一五年二月二六日・講義より）

◉———著者紹介

■西本 照真（にしもと・てるま）

武蔵野大学学長・武蔵野大学教授
東京大学大学院人文科学研究科印度哲学専攻博士課程単位取得後退学、文学博士。日本学術振興会特別研究員、東京大学非常勤講師、信州大学非常勤講師、横浜市立大学非常勤講師等を歴任。研究領域は、仏教学、中国思想。『三階教の研究』(春秋社、1998年)、『華厳経を読む』(角川学芸出版、2007年)、『新国訳大蔵経 浄土部3』(共著大蔵出版、2007年)など。

■石上 和敬（いわがみ・かずのり）

武蔵野大学教授
東京大学大学院博士課程修了。博士(文学)。東京大学文学部助手、東京外国語大学非常勤講師などを経て、現在、武蔵野大学教養教育部教授。専門分野は仏教学(インド仏教)、及び現代日本の伝統仏教。主な著書に、『阿含経典を読む』(共著・角川書店)、『親鸞入門』(共著・永田文昌堂)、『バシャムのインド百科』(共訳・山喜房仏書林)など。

■佐藤 裕之（さとう・ひろゆき）

武蔵野大学教授
東京大学大学院人文科学研究科印度哲学印度文学専攻(博士課程)単位取得後退学、文学博士。サンプールナ・アーナンダ・サンスクリット大学留学、日本学術振興会特別研究員(DC)、(財)東方研究会研究員、中央大学非常勤講師、慶応義塾大学非常勤講師、大学書林国際語学アカデミー講師、立教大学非常勤講師、信州大学非常勤講師。

■小山 一行（おやま・いちぎょう）

武蔵野大学特任教授
東洋大学大学院文学研究科(仏教学専攻)博士課程単位取得満期退学。文学修士(東洋大学)
筑紫女学園大学教授、同学長を経て、筑紫女学園大学名誉教授、武蔵野大学教授(特任)
研究領域：仏教学、浄土教、親鸞の思想研究。 著書は『釈尊の道 - その生涯と教え -』、『親鸞のいいたかったこと』、『高僧和讃に聞く』(いずれも山喜房仏書林刊)、『新々みちしるべ - 菩薩シリーズ - しあわせ(福徳)』(仏教伝道協会刊)など。

■ケネス田中（けねす・たなか）

武蔵野大学教授
「共生原理(仏教縁起論)」を担当。学生との対話的な授業を進めている。カリフォルニア大学人文科学研究科博士課程卒。哲学博士。カリフォルニア大学助手、仏教大学院大学専任准教授を経て現職。仏教学、アメリカ仏教・仏教とキリスト教対話を専門とする。アメリカ仏教の日本での第一人者。武蔵野大学仏教文化研究所長。国際真宗学会会長。日本仏教心理学会会長。モットーは Open your heart and mind。 著書は『アメリカ仏教』(武蔵野大学出版会、2010年)、『目覚める宗教』(サンガ新書、2012年)など。

仏教《ぶっきょう》と気《き》づき
「悟《さと》り」がわかるオムニバス仏教講座《ぶっきょうこうざ》

発行日　2016年9月1日　初版第1刷

編著者　ケネス田中

発行　武蔵野大学出版会

〒202-8585 東京都西東京市新町1-1-20
武蔵野大学構内
Tel. 042-468-3003 Fax. 042-468-3004

印刷　株式会社ルナテック

ISBN 978-4-903281-29-2

武蔵野大学出版会ホームページ
http://www.musashino-u.ac.jp/shuppan/

アメリカ仏教を通して
仏教の意義と影響力を
問いただす。

本体２０００円＋税
武蔵野大学出版会
ケネス・タナカ＝著

キリスト教の国・アメリカで
仏教が伸びている理由とは？
アメリカ仏教の歴史、現状、解釈など
その特徴を解説する。